私の修業時代 ②

上廣倫理財団 編

弘文堂

刊行にあたって

本企画「私の修業時代」に参加した第一巻の寄稿者からは異口同音に「修業時代を語ることは自分にとってとても新鮮であった」、という言葉が聞かれた。それぞれの専門分野で指導的な役割を果たしているリーダーたちも、自らの専門や組織内での役割を果たすことはあっても、自分史を語る機会は案外と少ないからであろうか。世阿弥は伝書の中で「離見の見」という芸道の心得を述べた。舞台の上で能楽を演じる役者は、演技している自分とそれを観ている観客というもう一つの目線を持たねばならない、と。現代的にいえば、客観視に相当する。この企画への参加を通して、越し方を振り返り、残りの人生航路の進路や進み方を再検討する機会を得たという感謝が寄稿者からも、読者からも多く寄せられた。

第二巻にも、宇宙工学者や情報学者、霊長類学者、歴史学者、俳優、元陸上競技選手、心理臨床家など多彩な専門家が参画してくださった。この巻は、頭脳的な修業と共に、身体的な修業が不可欠な領域の寄稿者が多く含まれている。俳優の滝田栄氏、陸上競技の為末大氏の場合、身体性はまさに不可欠である。一方、霊長類研究の山極壽一氏の場合、ゴリラの観察研究はフィールド研究であり、鉈でジャングルを切り開き、調査のための長い道を作る作業が観察の前提になるという意味では、身体性が必要な分野である。歴史家の伊藤之雄氏にせよ、福田千鶴氏にせよ、歴史研究は机上のみでは歴史的事実を辿ることはできない。古文書の渉猟や分類は未だに気の遠くなる手作業である。宇宙工学、情報工学、臨床心理学においては、研究者と研究の対象となる宇宙探査機器、あるいは、コンピューターやＡＩなどの情報機器との関係性、臨床心理においては、カウンセラーとクライエントの生身の人間同士の関係性もある種の身体性と捉えることができる。

さて、ここで、原点に返って、「修業とは何か」を考えてみたい。人間社会においては、家族や社会が、次世代に対して意図的に組織的に成長発展を可能とするための知識や技能を獲得させる努力をする。徳川時代の日本においては、家族や地域が次世代の教育の役割を担ったが、現代では、学校にその役割が期待されることが多い。だが、家族、同族、地域、学校などの学習環境が整っていても、学ぶ主体である個々人が、学びを続け知識や技能を獲得することが将来の自分の人生を充実させることになるのだという強い自覚を持たなければ、その収穫は乏しいものに終わるであろう。「修業」とは、そうした主体的な学習意欲を持った人の弛みない努力の過程と、そうした志を抱く次世代を主体的に育てたいという願いを持つ前世代の教導の営みの総体を意味するのではないだろうか。

次に、「人はなぜ成功者の成功談を欲するのか」という問題を考えたい。もし、そういう人間心理や傾向が存在しなければ、「私の修業時代」という企画は無意味である。人々は人生の成功を望んでいる。だから、自分よりも大きな成功を人生や職業において成し遂げた人の体験談に興味を抱き、参考にしようとする。しかし、成功談も、最初から最後まで成功尽くめの話では面白くない。「人間万事塞翁が馬」、「禍福はあざなえる縄の如し」、「失敗は成功のもと」、「必要は発明の母」など古今東西の諺が示すように、多くの苦難を経験しながら、最後に成功を収めた人々の体験談に人気がある事は時代を越えた人間の性である。

本企画の第一巻、第二巻の寄稿者も決して、最初から幸運に恵まれ良い事ばかりの人生を送ってきたわけではない。様々な困難や逆境、例えば、家の経済問題、その時代の感覚や思想の偏向、男女格差、あるいは、その分野に対する社会の偏見や無理解などと戦いながら、自らの地歩を築いてきた。だからこそ、読者は寄稿者の若き日の未熟な時代の修業の体験談に共感を抱く。

生まれ育った地域や環境、学んだ学問、そして、従事した専門的な職業は異なっていても、寄稿者の人生を辿ると、その中心的な課題は、逆境や困難を成長の糧とし得た勇気と知恵を持ち合わせていたことにある。更には、センス・オブ・ワンダーに富み、自らが為すべき課題を発問し、創意と工夫を重ねて発見できたことである。

近代日本を創造した福澤諭吉や渋沢栄一もその人生は波瀾万丈で、多くの逆境が二人を鍛え抜いた。今回の寄稿者の人生を辿ると、ほぼ、福澤や渋沢的な修業の過程との共通点が見られる。強い向上意欲と、それを伸ばしてくれる環境との出会い、そのチャンスを生かすことを可能とせしめた前向きの姿勢などである。

本企画の寄稿者の諸氏、そして、貴重な人生経験から意欲的に学ぼうとしている読者は、まさに、近代を創造した優れた先人たちの精神的遺伝子を受け継いでいると言っても過言ではない。

当初、本企画は、講演会を定期的に開催し、一部ＮＨＫラジオ「文化講演会」で放送され、講演録出版という流れで実施する予定であった。思いがけぬ新型コロナウィルスの蔓延で途中から不可能となり、後半は執筆のみをお願いするという状況となった。にもかかわらず、快くご了解くださり、多忙なスケジュールを縫って、寄稿してくださった諸氏に心より感謝申し上げる。

二〇二一年一月

公益財団法人 上廣倫理財団

目次

刊行にあたって……公益財団法人上廣倫理財団 1

山極　壽一　サルやゴリラと歩いた私の修業時代 ……9

はじめに／雪山からサルの調査へ／梁山泊での酒修業／日本列島を歩く／屋久島の日々／アフリカへ旅立つ／ゴリラの森を歩く／マウンテンゴリラとカリソケキャンプ／学位論文への道／おわりに

滝田　栄　真剣勝負で挑んだ俳優の道 ……51

母に自立を促され家を出される／思いがけず俳優の道へ／

文学座養成所の生活／劇団四季へ／
大河ドラマと「ジーザス・クライスト・スーパースター」の掛け持ち／
劇団四季を退団／大河ドラマ『徳川家康』の主役に／
静岡・臨済寺で家康の本心を感得／「レ・ミゼラブル」の舞台へ／
お釈迦さまの心を求めてインドへ

西垣　通　情報とポエジーをめぐる旅……89
成長の遅い子が情報学者に／東京少年少女合唱隊で歌う／
復興のために理科系へ／大学で迷いの日々をおくる／
ソフトウェアの研究者になる／大学教員として文科系の研究を始める／
母校で新しい大学院のスタッフになる／文理融合の基礎情報学をめざす

為末　大　アスリートの奥義を社会と結ぶ……127
競技を引退して考えていること／没頭時代が修業時代／
最初の修業時代／二度目の修業時代／第三の修業時代へ

河合　俊雄　スイスでの七年の修業時代……145
はじめに／二〇年ぶりのスイスへ／フライブルクでの語学研修／
エラノス会議／チューリッヒ大学／校閲担当の助教からラカン派へ／
ユング研究所／グループの体験／中間の仕上げ／ルガーノ移住／
ルガーノでの臨床と訓練後半／帰国へ

川口淳一郎　「はやぶさ」、「はやぶさ2」への繋がり……177
「はやぶさ2」の成果と帰還／七〇、八〇年代の苦悩／
自分たちで到達したゴール／伝統の力／環境のもつ力／
人材育成のポイント／ポリシー先行の考え方／救われた言葉／
不完全でも前進を／プロジェクトは自身がひらくこと／
独創性を発揮するための極意

福田　千鶴　遅咲きでも修業次第、でもこれからは……221
母校・福岡高校の誇り／家庭と研究の両立／
歴史研究との出会いと挫折／大学院への再チャレンジ／

史料との格闘の日々／歴史学に対する役割／
女性研究者のこれから

伊藤　之雄　歴史家への旅……………………………………255
日本近代史研究者を目指すまで／京大文学部入学後の迷い／
松尾尊兊先生との出会い／ほんとうに研究者になれるのか／
七年間のオーバードクター時代／坂野潤治道場／
ともかく著書を出版しよう／京都薬科大学の「英語の先生」／
冷戦の崩壊と名古屋大学文学部助教授へのスカウト／
名大から京大法学部教授へ／ハーヴァード大学での二一ヵ月

サルやゴリラと歩いた私の修業時代

山極壽一
やまぎわ・じゅいち
一九五二年生まれ。
霊長類学者。
京都大学名誉教授。

はじめに

研究者にとって修業時代と言えば、プロとして認められるまで、すなわち博士の学位をとるまで、ということになるのだろうか。私にとっては、学位を取得してから三〇年以上たつ現在でも修業時代だと思っているのだが、それを書き連ねたら一冊の本でも足りなくなる。学位を取得した三〇代半ばまで、ということで昔を振り返ってみたいと思う。

博士の学位はふつう二〇代後半で取得する。順調にいけば、二二歳で学部を卒業し、修士課程を二年間、博士課程を三年間かけて、二七歳で学位を取得できる。私は三五歳で取得したが、なぜそんな歳になるまで学位を取れなかったのかと問われれば、人とは違うことをやろうとしたからだと思っている。実は私の師匠の伊谷純一郎*先生は三六歳、そのまた師匠の今西錦司**先生は三七歳で学位を取得している。いずれも既存の学問や常識に挑み、新しい学説を立てるために苦闘した結果である。私の場合は、自分でフィールドを切り開いたり、海外の研究者が開いたフィールドで独自の研究を始めたりして、なかなか思うようにデータが収集できなかったことが主因である。しかし、指導教員や先輩たちが作ったフィールドではなく、自分でゼロから調査地を作り、欧米の研究者に交じって自分の研究テーマを目指し続けた結果であると自負している。

先輩たちが築き上げたフィールドでは、その成果を利用できるし、現地の人々の理解も支援も得られる。でも、ゼロから立ち上げるにはまず自分の目的を現地の人々に説明し、保護区ならば調査許可を得なければならない。それはとても忍耐のいる作業で時間がかかる。さらに、日本の研究者とは考え方が異なる欧米の研究者といっしょに研究をするためには、まず語学力、そして自分の考えを正確に伝える論理力が必要となる。彼らに理解さ

**今西錦司（1902-1992 年）

いまにし・きんじ　生態学者、人類学者、登山家。京都大学名誉教授、岐阜大学名誉教授。日本の霊長類研究の創始者。

*伊谷純一郎（1926-2001 年）

いたに・じゅんいちろう　生態学者、人類学者、霊長類学者。京都大学名誉教授。日本の霊長類研究を世界最高水準のものとした。

れずに調査を続けることはできないし、協力関係も作れない。日本人の作ったフィールドとは違う労力や知力が不可欠になるのだ。

でも、それは既存のフィールドで先駆者の蓄積の上に調査をするのと違って、いつも新しい発見が予感される魅力に満ち溢れている。今から振り返ってみれば、私はアフリカに旅立つ前から、日本でそれを追い求めていたのかもしれない。

雪山からサルの調査へ

私が京都大学に入学したのは、一九七〇年の大阪万博の年だった。東京から高校時代の仲間がやってきて、私の下宿に泊まり込み、万博会場に足しげく通った。それまで高校紛争でお仕着せの未来を否定してきた私たちは、万博の大掛かりな展示に圧倒された。「人類の進歩と調和」というテーマはいくら嘘っぽくても、科学技術が社会を大きく変えることは疑いようがなかった。

理学部で湯川さんの物理学にあこがれていた私は、学問に没頭する前に、高校ではできなかったことをしてみたいと思った。それは心ゆくまで本を読むことと、映画館を渡り歩くことだった。大学の周りは古本屋が立ち並んでいたし、深夜営業で三本立ての映画が見られる安い映画館がいくつもあった。毎日古本屋をめぐって本をあさり、それをジャズ喫茶でコーヒー一杯をちびちび飲みながら読了し、夜は映画館で過ごした。夏はスズキの八五ccの中古バイクを購入し、関西一円、中国地方に足を延ばした。鳥取砂丘に差し掛かったところで居眠り運転をして、電柱に激突し、舗装道路に放り出されて左半身を擦傷して動けなくなったこともある。鳥取市街地の薬屋で軟膏を塗り、近くの居酒屋に入ってやけくそで酒を飲んでいたら、同席した鳥取大学の学生に同情され、下宿に泊めてもらったことがある。それから一人旅は気を抜かないようになったし、人々の人情に触れることをあえて心がけるようになった。

秋になって、スキー競技部に入った。高校時代にちょっとかじったスキーを本格的にやってみたかったのだが、高校二年の時に痛めた足を回復させようと思ったのが一番の理由だ。バスケットボール部にいた私は、足を使いすぎて骨より膝蓋腱が発達し、体育祭のハイジャンプで踏み切った際に腱が骨を破って外へ飛び出してしまったのだ。それをビスで骨に固定してギブスが取れるまで半年かかったが、おかげで足の筋肉が落ちてしまった。大学ではチームプレーではなく個人競技に挑戦してみたかったし、あまり仲間に迷惑をかけずに体の調子を整えられると思った。

秋に入部すると、すぐに立山合宿があり、雷鳥沢を直滑降で下った。そのお粗末な滑りと果敢さを見て、先輩は私が複合競技に向いていると判断した。距離競技とジャンプを組み合わせて競うものだ。京都で街を走り、東山を上り下りして足はだいぶ回復してきたし、もともと長距離には自信がある。それに距離競技は金がかからない。スキーは細い板でできていて、裏にワックスを塗って走る。服も靴もサッカーの服装に毛の生えたようなもので、手袋も軍手でいい。しかも、リフトに乗る必要もないので、軍資金はほぼゼロでいい。私はだんだん距離競技の魅力に取りつかれた。足で滑るだけでなく、手で漕いでいく力が必要なので、見る見る腕が太くなった。ただ、ジャンプは体力ではなく、テクニックが必要だ。アルペンスキーのように曲がる必要はなく、飛び出す姿勢と空中感覚、それに着地してからの前後左右の体のバランスが重要となる。おっかなびっくりだったが、それでも一年たつ頃にはだいぶ上達して、全関西大学選手権（二部だったが）の複合競技で四位に入賞を果たすまでになった。

だが、そこに転機が訪れる。二回生の冬、志賀高原で練習をしているとき、雪の上で双眼鏡を構えている人に出会ったのだ。聞けば、サルを観察しているという。雪の上はサルを追いやすく、雪面にサルの群れが一望できるので全体像を把握できる。そういえば、一回生の時に自然人類学という講義でサルの話を聞いたなと思った。古本屋で見つけた『ゴリラとピグミーの森』*という本は、小さいころに抱いた探検熱がよみがえってきて、眠れ

＊『ゴリラとピグミーの森』
伊谷純一郎著、岩波新書、岩波書店、1961 年刊。

なくなったものだ。驚いたことに、雪の上で出会った人は私が属する理学部の先輩で、本の著者は伊谷純一郎という理学部の先生だった。私は頭がくらくらするのを覚えた。目の前に光が見えたような気がして、「こうしちゃあいられんな」と思ったのだ。

三月にスキーシーズンが終わると、私は退部届けを出し、それから伊谷先生のいる自然人類学教室に足を踏み入れることになった。

梁山泊での酒修業

そこは何とも不思議な場所だった。理学部三号館の隣にある小さな二階建ての洋館で、ヤシの木が二本立ち、異国情緒たっぷりだった。入ると両側に部屋があって、右の奥には解剖室。奥へ突き抜けると小さな池があって鯉が泳いでいる。二階に上がると両側に小さな部屋が立ち並び、院生が住んでいる。左の奥には助教授室と教授室があり、一番奥にひときわ広いゼミ室があった。

そのゼミ室に最初に入ったときの印象は今でもよく覚えている。あたり一面酒臭いにおいとたばこの煙が充満し、部屋の真ん中にほとんどの面積を占める大テーブルが置かれている。そこに足をのせて昼寝をしている院生がいて、流しには今しがた食べたと思われるラーメンのどんぶりが積みかさなっていて、まだ汁の残っている鍋がガスコンロに乗っていた。聞けば、伊谷先生は海外出張中であるという。しばらく話をしていると、そのうち数人がどやどやと入ってきて、テーブルの上に胡坐をかいて座り花札を始めた。

こんな調子で、ゼミ室にはいつも酒や食料があり、時にはウサギや魚などが持ち込まれて、その場で料理して食べる。私も何度かお相伴に与かった。多くの院生はサルや自然に近い人間の暮らしを調査していて、自分が訪れた土地の珍味と土産話を持ち帰る。それをみんなで聞きながら意見を言い合うのが習わしだった。ここでは、自分の経験を自分の言葉で語ることが求められた。文献や過去の思想家の言葉を引こうものなら、「それで、お前はどう思うんや」、「それは、お前のどういう体験から出てくるんや」と突っ込まれる。自分の興味のあるテーマについて本や論文を読破することも必要だが、フィールドワーカーは最終的に自分がとったデータから論を立てねばならない。しかも、それは今までとは違った発見が含まれていなければならない。だからこそ、ここでは自分の体験と発見にこだわり、それを既存の常識を超えた理論に仕上げることに大きな情熱を傾けていたのだと思う。

それは、私が東京で高校時代に経験した論戦とは全く違っていた。高校ではサルトルやニーチェや吉本隆明などの思想家の言葉に話が及ぶことが多く、それを知らないことは議論をする資格さえないと見なされた。そして、議論では相手の考えの間違いを正し、自分の考えを相手に認めさせることが主眼となった。だから、みんな一生懸命に雑誌や本を読み漁り、ニュースに目を光らせて時代を先取りした考えを身に着けようとした。あちこちの集会に出てアジ演説を聞き、アジビラに書かれた内容をテーマに議論を重ねた。しかし、いつまでたってもそれが他人の受け売りであることに、私はだんだん嫌気がさしてきた。このまま東京にいて大学に進学し、同じような生活を続けていていいのだろうか。そう思ったことが、京都の大学を選んだ理由でもあった。自然人類学研究室の酒臭い議論は、東京で抱いた疑問にやっと答えてくれたものだったのである。

やがて私はここで卒業研究をすることにして、足しげくこの研究室に顔を出すようになった。卒業研究のテーマは「ニホンザルの性関係と交尾タイプ」で、場所は志賀高原のふもとにある地獄谷野猿公苑*を選んだ。何と私は学部時代の前半は志賀高原の上部でスキーに熱中し、後半はそのふもとでサルを追いかける日々を送ることになったのだ。ニホンザルの交尾期は秋の深まりとともに始まる。私は紅葉の時期に地獄谷に入り、園長の原壮悟さんにお願いして管理事務所に泊まり込むことになった。宿泊費の代わりに、二キロメートル離れた上林温泉からサルの餌になる二〇キログラムのリンゴ袋を担いで運び、朝夕事務所の清掃を引き受けた。ここは、サルが温泉に入ることで有名で、日中はサルが湯につ

＊地獄谷野猿公苑

長野県山ノ内町の地獄谷温泉にある野生ニホンザルの生態観察が出来る野猿公園。

かる。それを夕刻になってサルが山に帰った後、いったん湯を抜いて掃除し、今度は私が入る。最高の露天風呂である。電気はないから、プロパンガスで食事を作り、灯油ランプの下で記録を付けて早々と寝袋に入る。毎日、サルの顔を見て名前を覚えると、そのうち夢にサルが出てくる。そうなるともう、いちいちサルの顔を確かめなくても、後ろ姿だけでどのサルかが分かるようになる。それぞれのサルの個性や特徴が理解できるようになったのだ。

卒論も何とかまとめ、大学院の入試にも一度は落ちたものの、二度目に合格して晴れて院生になった私は、ますます自然人類学研究室に入り浸って暮らすようになった。そこで学んだことで、その後のフィールドワークに大いに役立ったのは、酒の飲み方だった。当時、研究室には原子令三**さんという助手の方がいて、独身だったせいもあって私たち学生をよく飲みに連れて行ってくれた。京都市街にいくつか行きつけの飲み屋があり、それぞれ雰囲気がまるで違う。学生が多いスナックもあれば、職人たちが集うカウンター酒場もある。歌姫がいて、その美声を聞きたくて男たちが集まる飲み屋もある。そういった場所で酒を飲みながら、時にはけんか腰で議論することがあるのだが、決して正体をなくしてはいけない。酒は飲め、しかし飲まれるな、ということだ。フィールドワークでは、さまざまな場所でいろんな人と酒を酌み交わすことがある。それは、調査を円滑に進める上で

**原子令三（1933-1996年）
はらこ・れいぞう　元・明治大学教授。著書『森と砂漠と海の人びと』UTP制作センター、1998年刊。

とても重要な機会だ。人々と温かい関係を結び、協力を得るためには、酒の作法を心得ねばならない。自分勝手に酔っぱらうなどもってのほか、その場における自分の立場をわきまえなければいけない。そして気を付けなければいけないのは、決して偉そうにしてはいけないということだ。いつも一番低い立場にいると心得て発言する必要がある。原子さんの教えは、その後日本やアフリカでフィールドワークを実施する際、心の声となって私を助けてくれたのである。

日本列島を歩く

さて、大学院に入ると修士課程の研究テーマを決めねばならない。その時、私の心に浮かんだのは一年前にあった今西・伊谷論争である。当時、「ヒト化」の実態を究明するホミニゼーション研究会という催しが毎年、愛知県の犬山市にある京都大学霊長類研究所で開かれていた。霊長類学や人類学だけでなく、虫や鳥の進化や家畜化、農業など、それこそ人類にまつわるあらゆることがテーマとして取り上げられていた。そのなかで、一九七四年の研究会は人類に近い類人猿の社会がテーマになり、それと人間社会との進化上のつながりが論じられた会だった。一九〇二年生まれの今西先生はすでに大学を引退されていたが、この会にだけは熱心に出てこられ、積極的に発言されていたようだ。

伊谷先生はゴリラとチンパンジーの社会について話をされた。ちょうど、アフリカのガボンで開かれた類人猿会議に出席して帰国されたばかりだったので、その様子とそこで発表されたアメリカ人のダイアン・フォッシー*博士によるゴリラについての最新の観察結果を報告された。それはきわめて興味深い話だった。伊谷先生自身、一九五八年に今西先生と二人で、一九六〇年には単独で野生のゴリラの調査に挑んだことがある。しかし、アフリカ諸国の独立紛争によって調査が中断され、チンパンジーの調査に切り替えた経験がある。同時期にヴィルンガ火山群でマウンテンゴリラの調査をしたアメリカ人のジョージ・シャラー博士は、ある程度ゴリラに近づくことに成功し、その生態や社会の一端を初めて世界に発表していた。シャラーによると、ゴリラは群れどうしがなわばりをもたずに共存し、出会っても敵対せずに群れが混じり合うことさえあるという平和な社会だった。ところが、その後一九六七年に同じ場所で調査を始めたフォッシーは、シャラーとは正反対の観察結果を報告した。なわばりがないとは言え、二つの群れが出会うと双方の群れを率いる成熟したオス（背中の毛が鞍状に白化するのでシルバーバックと呼ばれる）が激しく闘い、時には命を落とすこともある。さらに、シルバーバックが別の群れの赤ん坊を襲って殺害し、その結果母親が殺害者の群れに移ることがある、という大きな緊張をはらんだ社

＊ダイアン・フォッシー（1932–1985年）

Dian Fossey　霊長類学者。ルワンダで18年間に及ぶマウンテンゴリラの調査を行った。

会だと言うのだ。伊谷先生は、フォッシーの報告によってシャラーの報告は新たに塗り替えられねばならない、と結んだ。

ところが、それを聞いて今西先生が反論した。フォッシーの観察によって新しい事実が加えられたからといって、シャラーの報告の価値がなくなるわけではない。マウンテンゴリラの社会はどちらの面も併せ持つ特徴があるのではないか、と問いかけたのである。伊谷先生は、いやフォッシーが見た社会のほうが実態に近く、シャラーは観察期間が短かったためにオスどうしの敵対的な関係や子殺しを見逃したのではないか、と語った。今西先生も持論を展開して両者は一歩も引かなかった。今西先生は伊谷先生の恩師である。師弟がどちらも持論を繰り広げて引かないという光景はそうあるものではない。わたしはその議論の仕方に大きな魅力を感じたし、ここに動物社会から人間社会に至る大きな問題が横たわっていることを直感したのである。

当時、伊谷先生は「霊長類の社会構造」についてその系統的な進化の道筋を理論化していた。夜行性で単独生活を送る原猿類からオスメス一頭ずつのペア社会、昼行性の群れ社会を経て、オスかメスのどちらかが群れ間を渡り歩く母系と父系の社会へと至る道である。そこでは、社会構造はそれぞれの種に特有で、大きく変化しない安定したものであるという前提に基づいていた。今西先生も、「種社会」という概念を出され、種に特有の社会があることを理論の主柱にしていたので、その点について両者の間にあまり齟齬はなかったのだろうと思う。

問題はその中身である。おそらく今西先生は、自在に形を変える人間社会を念頭に置き、人間に近いゴリラの社会も短期間で変化する性質を持つと予想されたのではないだろうか。しかし、ニホンザルの社会構造を基に各種のサル社会を比較してきた伊谷先生にとって、ゴリラの社会構造はそんなにたやすく変わってはいけないものだったに違いない。この議論の一〇年後の一九八四年に伊谷先生は、この理論によって人類学のノーベル賞といわれるハックスリー記念賞を授与されたのである。

しかし、当時ニホンザルの社会構造をめぐって、各地の調査からさまざまな変異が報告され始めていた。伊谷先生は一九五〇年代初めに行った高崎山*のサルの調査から、ニホンザルはリーダークラスのオスたちが子持ちのメスたちと中心部をなし、そのまわりに若いオスや順位の低いオスたちが取り囲む「同心円社会構造」をモデルとして提案した。ニホンザルはオスだけが群れを渡り歩く母系の特徴を持ち、外からオスが入るときは最も低順位のオスとして組み入れられる、しかし、その後各地で調査が進むと、リーダーがはっきりしなかったり、メスが群れ間を移動したりする例も報告されたのである。日本列島は北から南まで環境の違いが大きい。社会もその違いに応じて変化するのではないか。しかも、

*高崎山

大分市にある野生のニホンザルが生息する山。

当時調べられているのは主として餌付けされたニホンザルだった。餌付けによってサルの行動は大きく変わってしまう。人為的に大量の餌が一か所にまかれると、そこにサルが集まってケンカが起こる。自然の食物を少しずつ食べ歩く暮らしが、えさ場と泊まり場を往復するだけの暮らしになってしまう。その結果、サルの社会も変化するのではないだろうか。そんな疑いが湧いてきたのである。

実は、スキー部にいたころ志賀高原で出会った京都大学の院生も、餌付けしていない自然状態のサルを研究しようとしていた。人の影響をなるべく受けず、自然に密着しながら暮らしているサルの社会を知ろうという動きがあったのである。

そこで私は、伊谷先生に日本列島のサルを訪ね歩いて、その社会構造の違いを分析してみたいと申し出た。社会は生態的な環境による外の影響と、個体の個性とか特別な関係とか内部の条件による影響がある。マウンテンゴリラの社会をめぐる今西・伊谷論争はむしろ社会内部の変化に起因するものだろう。それを含めて、ニホンザルの社会にどんな変異があるかを調べてみたいと思ったのだ。

しかし、伊谷先生は私のテーマは勧められないと言われた。社会構造を把握するためには、一つの群れでも大半のサルを個体識別して、サルたちの行動を基に社会関係を調べる必要がある。それを複数の地域でやって、しかも環境の違いと対照させて分析するなど、とても一人では無理だし、途方もない時間がかかる。私は落胆したが、自分の目で各地のサルを見たいという希望は強く持っていた。

伊谷先生は、それならば各地のサルの形態の違いを調べてみたらどうだと提案してくれた。自然人類学研究室におられたもう一人の池田次郎教授は形態学が専門である。当時、人類の骨を計測するだけでなく、見た目にわかる形態の違いから地域差を出す手法が開発されつつあった。それをサルの外部形態に応用して、地域差を分析してみたらどうだろうというわけだ。なるほど、環境の違いはサルの形態にも反映しているだろうし、それが社会の違いにもつながっている可能性がある。とにかく、フィールドへ出てみたかった私はさっそく京都市にある嵐山モンキーパークに通って、サルの外部形態を調べ始めた。性や年齢によって異なる特徴や、連続的に変化する特徴などがあって、有るか無いかで分けられる特徴を探し出すのに苦労したが、腹部の青斑とか目の下の白斑とか四二項目を特定した。そして、日本列島のニホンザルの分布域の北限から南限まで九か所の餌付け群を選び、勇んで日本列島行脚の旅に出た。

餌付け群を選んだのは、サルの個体が識別されていて年齢や履歴が分かり、記録が重複することを避けるためである。北から、下北、志賀高原、房総、箱根、嵐山、小豆島、高崎山、幸島、屋久島で、積雪地が二か所、落葉樹林が三か所、照葉樹林が三か所、島が三か所となった。大量の個体カードを印刷して、各特徴の有無をチェックして回ったのだが、私は各地で地元の方や研究している方と山や森を歩き、夜は酒を酌み交わして土地の自然や文化、サルや動物のことを熱心に聞いた。その際、原子さんの教えがずいぶん役に立ったことは言うまでもない。

ニホンザルの外部形態の地域変異については、各地で収集したデータをパンチカードに打って京都大学の大型計算機センターに運び、当時はやりの多変量解析を行って地域間の類似性を調べた。これは私の最初の論文として人類学雑誌に掲載されることになった。研究者としての第一歩を踏み出したことになったのだが、私には各地で見たサルの姿が大きな印象として残った。サルの大きさも毛の色も、そして社会関係も地域により違うと感じたのだ。たしかに、ニホンザルの社会構造の大枠は一貫して変わらない。しかし、群れの大きさやオスどうしの関係、個体の分散の仕方に際立った違いがみられる。私は、その理由をいつか調べてやろうと思った。

屋久島の日々

日本列島を遍歴してたどり着いたのは、ニホンザル分布域の南限である屋久島だった。

当時は田中角栄さんの「日本列島改造論」が盛んで、日本各地で道路工事が実施されており、屋久島でもあちこちで道路の拡幅や舗装工事が行われていた。屋久島は周囲約一三〇キロメートルの円形の島で、中央部には標高二〇〇〇メートル近い高峰が立ち並び、島の面積の九割が森林におおわれている。その中腹にヤクスギランドという屋久杉の森があり、近くでサルが餌付けされているというので調査に行ったわけである。見てみると、体毛が長く、つり目で顔が平べったい。ずいぶん本土のサルとは違うなと思ったが、道路わきに餌を待ってたたずんでいるだけで覇気がない。やはり野生のサルが見たいと思って、西部の海岸沿いにある亜熱帯林が混じる照葉樹林を訪ねた。

ここでは、京都大学霊長類研究所の大学院生である私の同僚の丸橋珠樹*が調査をしていた。餌付けをせずに、自然のままのサルの生態を調べるというので、人家のないところを選んだのだ。まだサルたちはあまり人に慣れておらず、遠くから双眼鏡でのぞくだけだったが、未舗装の道路を歩いていると突然サルたちと出くわすことがあった。サルの密度が高く、ちょっと歩けば別の群れに出くわす。餌付けをしていないから、サルたちは樹上を渡り歩きながらフルーツや葉を食べている。仲間と離れるとホイヤーッ、フイーッと高い声が森にこだまする。その姿や声がとても美しく思えた。林道下の森は以前炭を焼いていて、少し人間の手が入っているが大規模に伐採されたことがない。林道の上は保護区で奥

***丸橋珠樹**（1952生まれ）

まるはし・たまき　霊長類学者。武蔵大学教授。

山の頂上部まで原生林が残っている。ここにはニホンザルの原初の姿が残されているのではないか。そんな思いを抱いた。

実は、屋久島には一九五二年に伊谷先生と川村俊蔵*先生が訪れて二週間調査をしている。その際、三回しかサルの群れに出会えず、多くは地元の猟師さんからの聞き込み調査だったが、とても重要なことを報告している。屋久島には小さな群れがいくつも隣接していて、これがおそらくニホンザルの原型に近い姿ではないかというのだ。当時、日本列島は開発の波に洗われ、どこへ行ってもニホンザルは人の手の入った二次林を利用し、多くの群れが孤立していた。伊谷先生が調査された高崎山のサルも孤立群で一六〇頭を超える大群だった。屋久島には二〇～三〇頭の群れしか見当たらず、しかもたくさんの群れが隣り合って生息していた。伊谷先生は、きっと屋久島に大きな調査の可能性を見出したに違いない。

しかし、調査も終わりに近づいた頃、宮崎県の幸島からサルの餌付けに成功したとの連絡が入った。サルの社会を研究するためには間近で観察できる条件が不可欠だ。伊谷先生は餌付けの成功に賭けたのだろう。以後、ニホンザルの研究は各地で餌付けによって実施されることになり、自然群の研究は一九七〇年代になるまで本格的に始まることはなかった。もし、このとき伊谷先生たちが屋久島で研究を続けることを決意していたら、日本の霊長類学は違ったものになっていたかもしれない。

***川村俊蔵**（1927-2003年）
かわむら・しゅんぞう　霊長類学者。ニホンザル社会における「末子優位の法則」を見出した。

屋久島のサルに出会って、私はここでサルの社会学的調査をやろうと心に決めた。ちょうど丸橋が翌年にエチオピアでマントヒヒの調査に出かけることになっていたので、彼の調査群を引き継ぐことにした。折しもアフリカでボノボの調査をしていた黒田末寿さん**が帰国していて、屋久島の調査に興味を示したので、いっしょにやろうということになった。

一九七七年の夏、丸橋、黒田、私、それに志賀高原地獄谷で一緒に調査をした油田よし子さんが加わって、西部林道の森でキャンプしたときのことが今でも忘れられない。西部林道は永田と栗生という二つの村をつなぐ道路で、その間に人家はない。照葉樹林が標高一〇〇〜一五〇〇メートルの道の両側をびっしり覆っていて、アコウやガジュマルなどの亜熱帯性の樹木が混じる。森に一歩入ると大きなシダや着生植物が樹木に絡まり、まさにジャングルのイメージそのままである。永田で一週間分の食料を買い込み、林道下の小川のほとりにテントを張ったのだが、その際焼酎の一升瓶を二本持って行ったのが失敗だった。

焼酎を飲みすぎると足に来る、と言われていたので、キャンプで飲みすぎないようにと一本は林道脇に残しておいた。ところが、夕刻に海際まで下りて行った丸橋が大きなフエフキダイを釣り上げ、宴会となった。思いがけないごちそうに話が弾み、あっという間に一升瓶が空いてしまった。日本酒のような気持ちで、じゃあもう一本取ってこようか、と誰とはなく言い出し、私は林道まで登って焼酎を取ってきた。さあ、それからの記憶がな

黒田末寿（1947年生まれ）
くろだ・すえひさ　霊長類学者。滋賀県立大学名誉教授。読売文学賞を受賞。

い。

明け方に耳元でごそごそするので目覚めたら、たわしほどもある大きなゲジゲジが這っている。飛び起きようと思ったが体が動かない。見れば、黒田さんは小川の中にある岩にしがみついている。丸橋と油田さんはテントに潜り込んでいたが、ひどい二日酔いだ。それでも、這うようにして味噌汁を作り、昨晩残ったご飯をかき込んで出発したが、視野狭窄になったようで一点しか見えない。午後になってようやく視野が開けてきたが、こんな目にあったのは初めてだった。つくづく焼酎の怖さを思い知った。

丸橋に地形や植物、サルの群れの概略を教えてもらった後、黒田さんと二人で残って「工事場群」と名付けられた群れの追跡を始めた。しかし、どうも様子がおかしい。サルの数が半分ぐらいだし、違う群れと頻繁に出会う。そのうち、ポッシーという名の老メスが複数の群れに顔を出していることが分かった。ニホンザルの群れは母系で、メスは生涯自分の群れを離れないので、これはおかしい。工事場群は分裂したのではないか、ということになった。

ちょうどそのころ、エチオピアで革命が起こり、丸橋は渡航できずに待機中だったので、急遽呼び出すことにした。もし分裂だったら新発見だ。それまでニホンザルの群れの分裂は、餌付けによって一〇〇頭以上に個体数が増えた結果起こると言われていた。自然群で、しかも三〇頭ほどの小さな群れが分裂するなんてあり得ない。何か、本土の餌付け群とは違うことが起きているに違いない。やってきた丸橋によってその事実が確かめられ、丸橋は即刻エチオピア行きを断念し、その後は三人で手分けして分裂した二つの群れを追跡することになった。

調査は楽しかった。交尾期になると、どの群れにも属さないオスが次々に現れ、メスを誘い出して交尾をする。そのうち、こういったオスが発情したメスと分派を作り、主群と離れて行動し始めた。これまで交尾期には分裂は起こらないと言われていたのに、工事場群では二度目の分裂が起こったのである。私たち三人はこれらの群れを手分けして追いながら、時々集まって情報を交換し合った。やがて、サルの歩く場所はどこでも知るようになり、サルがどんな気持ちでどこを目指して歩いているのかが推測できるようになった。

長期調査になったので、村で丸橋が借りていた家に三人で住み、自炊生活が始まった。三人とも貧乏だったので、なるべく食料は現地調達、しかも海や山から採ってきた魚や山菜で賄った。サルが食べるフルーツを失敬し、山芋を掘り、夕刻村に戻ると海に潜って突きやすい魚をとり、夜には岸壁から釣り糸を垂らして大物を釣り上げる。干潮の時間を見計らって海岸に下り、カサガイやカメノテなど食べられる貝を採集する。大漁だと、それを近所の家に持って行って、ついでにご飯と焼酎をごちそうになる。そんなことをしているうちに村にも知り合いができて、運動会や盆踊りなどの催しにも呼ばれるようになった。

屋久島では飲んで歌って踊るのが習わしだ。乞われて私たちも即興の踊りを披露し、酔っ払って家に帰る途中、畑に倒れこんで朝まで眠ることもしばしばあった。しかし、原子さんの教え通り、宴席を辞すまでは決して失態を演じることなく、酒飲みのマナーを守れたと思う。

調査は順調に進み、これまでのニホンザルとは異なる発見をいくつもすることができた。ここでは詳しく述べることはできないが、私が大学院に入るときに抱いた願いは部分的にかなえられた。一つは屋久島の亜熱帯林、照葉樹林に生息するサルは本土の落葉樹林のサルとは群れの大きさや遊動域の広さがずいぶん違うこと。これは環境による違いだろう。もう一つは、分裂によって群れのオスとメスの関係ががらりと変わり、オスの移動が促進されること。これは群れの内部の問題であろうし、それが交尾期に発情したメスが群れの優位なオスではなく、外から来たオスを交尾相手として選んだことによって起きていることが分かった。ニホンザルの基本的な社会構造には地域を超えて共通性があるとはいえ、外部の要因によっても内部の要因によってもいくつかの特徴が変わるということが確かめられたわけである。

アフリカへ旅立つ

屋久島の調査はとても大きな成果を挙げられたと思っていたが、やはりニホンザルは人間と遠く、人間の社会の祖型を考える上では無理があった。私は家族の起源という問題に興味があったので、ゴリラを見てみたかった。そもそも学部時代に伊谷先生の『ゴリラとピグミーの森』を読んだことが、この道へと私を誘ったきっかけだったのだ。一九六〇年に伊谷先生が単独でゴリラの調査をした時も、ゴリラに人間家族の原型を探ることが目的だった。人間の家族はどの民族でも社会の基本単位でありながら、他の家族と合流して多様な集団となる。その進化的背景はまだ霧に包まれたままだ。独立戦争による政情不安のため、伊谷先生がゴリラの調査を断念してから二〇年近くが経過している。その間に、アメリカ人のダイアン・フォッシー博士がヴィルンガ火山群に調査基地を建て、マウンテンゴリラを餌付けせずに人に慣らし、さまざまな行動を観察して成果を挙げていた。何とかゴリラを調査する機会が得られないものか。そう私は思っていた。

人生は面白いもので、あきらめなければ夢はかなう。あるとき、飲み会の席で伊谷先生に呼ばれた。「君は体が頑丈そうだから、ゴリラの調査に行ってみないか」というのだ。飲み会の際に学生に海外のフィールドワークを提案するのは伊谷先生のやり方で、そこに海外調査の隊長たちが顔を連ねていることが多かったからだ。その時は、ボノボの調査隊を率いる加納隆至*さんがいた。加納さんは伊谷先生の弟子で、学生の頃にタンザニアのウガラ平原に派遣され、一年間一人でタンザニア人の助手たちとチンパンジーの広域調査をした経験がある。その後、コンゴ盆地の奥地へ入ってボノボの調査を始めた。五年たってボノボの餌付けに成功し、学生たちを受け入れて長期調査を展開しつつあった。その隊に入れてもらって、お前はゴリラの調査に行け、というわけだ。

聞けば、最近ザイール共和国（現コンゴ民主共和国）のカフジ・ビエガ国立公園に日本映像記録センターという撮影隊が入った。どうやらゴリラを見られるらしい。そこで調査の可能性を探ってこい、というわけだ。日本映像記録センターには牛山純一**さんという社長がいて、伊谷先生の純一郎という名が似ていることから親しくなったそうだ。世界中を飛び回って、自然の驚異を映像に収めている。さっそく私は、東京へ日本映像記録センターを訪ねていき、現地でゴリラを撮影したカメラマンやディレクターと会った。いずれも荒くれといった感じのつわもの達で、あまり役立つ情報を教えてはくれなかった。とにかく、ゴリラは大きくて手ごわい。地元の人々と付き合うのも大変だ、ということはわかった。それから酒を飲みに行ったのだが、私に不満がたまっていたのか、スタッフと大喧嘩

***加納隆至**（1938年生まれ）
かのう・たかよし　霊長類学者。京都大学霊長類研究所名誉教授。ボノボ研究の創始者。

****牛山純一**（1930-1997年）
うしやま・じゅんいち　ドキュメンタリー映像作家。

をやらかしてしまった。憤然と私は席を立ったのを覚えているのだが、今になっても何に腹が立ったのか思い出せない。しかし、逆にその態度を大いに気に入られて、カメラマンの梶浦甚三郎さんとはその後ずっとお付き合いすることになった。原子さんの教え通りにはいかなかったと思うのだが、酒飲みは何が幸いするかわからない。

とにかく、あまり現地の情報がないまま、一九七八年の初夏に私は加納隊の一員としてザイールに派遣された。ボノボの調査に行く自然人類学研究室の先輩だった黒田末寿さんと北村光二さん、それに琉球大学の助手で生態人類学の調査をする佐藤弘明さんがいっしょだった。隊長のいる沖縄から出発したので、香港、ボンベイ（現ムンバイ）、ナイロビ、ザイールの首都キンシャサへと飛行機を乗り継ぐ長旅だった。キンシャサで現地の通貨に両替し、必要な物資を買い込んだ。加納隊長の計らいで、私はオートバイを購入することになっていた。ちょうど、ジェトロ（日本貿易振興機構）が日本の車を展示した直後だったので、ホンダの実用タイプ一二五ccをとても安価で手に入れることができた。それを航空便で送り、私は単独で一〇〇〇キロメートル以上離れたブカブまで国内線の飛行機で飛ぶことになった。広大なコンゴ盆地の西端から東端まで茫々たる熱帯雨林を越えていく。地方の飛行場には照明設備がないから、首都のキンシャサを出発するのは深夜になる。陽がさす明け方に着こうというわけだ。

私は一人で空港へ向かい、待合室で荷物を抱えてブカブへ行く便を待つことになったが、アナウンスでしきりにどの便も出発が遅れることが告げられている。電光掲示板などなく、人でごった返している。フランス語のアナウンスが聞き取りにくく、何か放送があるたびに近くの人に「どこへ行く便ですか」と聞かねばならない。どうやらオーバーブッキング（搭乗券を席の数より多く発行）しているらしく、アナウンスがあるたび乗客たちが慌てて飛行機のほうへ走る。乗り遅れたらいかんと私も荷物を持って走る。そんなことを繰り返し、やっと席に座れたのはもう明け方近くだった。ほっとしていると、機長の声が流れて、この便はブカブ行きを変更してゴマへ行くという。そんなと思うが、次の便を待っていたらいつになるかわからない。ええいままよと思ってゴマに降り立った。あとで教えられたが、当時のザイール航空は世界最悪の航空会社で、予定の日に目的地に着けることはまれだったそうだ。

ゴマはブカブから二〇〇キロメートルの距離にあり、それぞれキブ湖の北端と南端に位置する。船で行くことも考えたが、翌日にブカブへ飛ぶ飛行機があるというので、その日はゴマにあるカトリック教会のミッション（宿舎）に泊めてもらった。教会は安全だし、食事付きで安い。安ホテルに泊まることも考えたが、大きな荷物を持っているので安全が第一だ。翌日、無事にブカブ空港に降り立ち、待っていてくれた梶茂樹夫妻に迎えられた。

梶さんは言語学を専攻する京都大学の大学院生で、私を受け入れてくれるザイール国立中央科学研究所で現地の言葉の調査を行っていた。私はまず、この研究所で調査許可を得てゴリラの調査をすることになっていた。

ゴリラの森を歩く

さて、それからが大変だった。一九七〇年代の初めにこの研究所でマイケル・カシミールというドイツ人、アラン・グドールというイギリス人がゴリラの調査をしている。しかし、すでに二人は去っていて、ゴリラはおろか霊長類の研究者はいない。それに、ゴリラは国立公園の中にいるので、調査をするには公園長の許可がいる。そんなことは聞いてないぜ、と言っても後の祭り。私は研究所から四〇キロメートル離れたブカブへ行って、公園長に会い、ゴリラの調査を願い出た。ところが、公園長のアドリアン・デスクリベールはけんもほろろで、公園内で調査をしてもいいが、観光客用に慣らしている二つのゴリラの群れに近づくことはまかりならんというのである。

実は、ここの国立公園ではムシャムカ群、マエシェ群というゴリラの群れを観光客に紹介していた。かつてハンターだったデスクリベールは、一九六〇年に始まった独立戦争の後、一九六五年にモブツ大統領によってザイール共和国が成立すると、ゴリラの保護のためにここに国立公園を作ることを訴え、一九七〇年に初代の公園長に就任した。保護区の中で暮らしていた狩猟採集民のトゥワ人（ピグミーの一民族）は公園外の農地へ移住を余儀なくされたが、その際にデスクリベールは勢子に使っていたトゥワ人たちを、ゴリラを追跡するトラッカーとして雇った。その後、ゴリラは徐々に慣れ、欧米から観光客を誘致してゴリラを見ることができるようになっていた。日本映像記録センターはこのゴリラたちを撮影したわけである。私はこれらの人に慣れ始めたゴリラたちを対象に調査をしようと目論んでいたので、それが禁止されたことはショックだった。何とか短時間でも見られないかと粘ったが、答えはノーで、公園長は手書きのお粗末な公園の地図をくれて、「まあ頑張ってみたら」と言うだけだった。

私は落胆した。あとで聞いた話だが、デスクリベールはゴリラを慣らす際に自慢のライフルを構えたまま近づき、ちょっとでもゴリラが襲うそぶりを見せたら発砲するという体制をとったそうだ。ヴィルンガ火山群にダイアン・フォッシー博士に会いに行った際、その噂を聞いていたフォッシーは彼と会うのを拒否したという。それを根に持ったデスクリベールは以来、研究者を嫌って観光に専念し始めたということだった。残念なことだが仕方がない。とりあえず、私はゴリラのいる森を歩く許可を得たのだ。

私はさっそく公園近くに住んでいるトゥワ人の村を訪ね、森を案内してくれる人を探した。その時、私のたどたどしいスワヒリ語が功を奏した。出発前にフランス語は学ばなかったが、スワヒリ語はかじっていたので、フランス語ができない彼らと話が通じたのだ。しかも村長のミサリの目を見て、これは酒がつないでくれると直感した。すぐに私は近くで酒を造っている農耕民の家に彼を連れていき、地元のカシキシというバナナを発酵させてつくった醸造酒を飲みながら話をした。ミサリは私の提案に目を輝かし、息子たちを連れて二週間の森歩きを実施することを約束してくれた。

翌日、私はポーターを一人雇い、食料を買い込んで、ミサリとその息子たち二人といっしょにカフジ山のふもとに広がる森を歩いた。驚いたことにミサリたちは食料を一切持たず、森の中で罠(これは違法なのだが)にかかっていたアンテロープ(カモシカの仲間)やサルを回収し、時折見つかる大きなフルーツや蜂蜜を食べて日々を過ごした。私は米とサバやイワシの缶詰、コーンビーフで料理したのだが、彼らは自分たちが採ったものを惜しげもなく分けてくれた。最初の晩に食べたサルの肉が忘れられない。罠にかかりすでに半ば腐りかけており、ウジ虫が湧いていた。それを焚火で焼いて、ぶちぶちとウジ虫がはじけるのをうまそうにかじる。決してうまくなかったが、私もお相伴に与かった。

カフジ山(三三〇八メートル)にも登頂した。森に囲まれた大湿原が遠望でき、ゴリラはあそこにいると聞いて身震いがした。下りはミサリの息子たちと競争し、私が先にふもとに着くと彼らが大いに悔しがったことを覚えている。屋久島の山歩きで鍛えた健脚がこのときに生きたのである。ゴリラには一度も出会えなかったが、足跡や食べ跡を見つけ、ゴリラたちのことを話し合った。竹をくしゃくしゃに折って食べた後を見て、ゴリラの力を想像した。帰途には村に立ち寄って、度数の高いカニャンガというイモで作った蒸留酒を回し飲んだ。

森歩きは楽しく、多くのことを学んだが、肝心のゴリラを見ることはできなかった。これではゴリラの社会を調査することなど到底できない。そこで、私は居場所を国立公園の管理事務所のそばに移し、そこで公園職員との親睦を図りつつ、打開策を練ることにした。ちょうど公園事務所に近いところに農業研究所があり、梶さんにそこの所長と交渉してもらって家を一軒借りることにした。バイクも無事着いたので、それを乗り回しながらあちこちの森へ出かけて様子を探るとともに、毎日のように管理事務所に立ち寄って職員たちと酒を飲んだ。地酒は安いもので、ビール瓶一本のカシキシが日本円にして五円ほどだ。いくら飲んでも懐には響かない。そのうち、ミサリと森を歩いた私の様子が伝わったようで、観光客をゴリラの群れに案内するトゥワ人のトラッカーたちも関心を持ってくれて飲み仲間になった。

それがうまくいったようで、トラッカーたちがデスクリベールに直訴してくれたのだ。しかも、デスクリベールが首を横に振ると、「ヤマジワ（私はそう呼ばれていた）といっしょでなければ仕事をしない」とストライキまで打ってくれたのだ。森を熟知しており、ゴリラを怖がらない彼らからそっぽを向かれたら、ゴリラ観光は成り立たない。デスクリベールは渋々ながらゴリラの観察に私が同行するのを許可してくれた。しかし、必ず観光客といっしょという条件付きである。私はまずそれを守って観光客といっしょに観察し、それから次第に後に残って時間を延ばして観察を続けるようになった。また、一つの群れが遠くへ行って観光客の足では観察に行けなくなったときには、トラッカーたちと一緒に森の中にキャンプし、一日中かけてゴリラを観察することができた。これも、酒とトゥワ人たちのおかげである。原子さんの教えをつくづくありがたく思ったものだ。

九ヵ月の調査で、私はゴリラの二群の個体関係や群れどうしの関係について調べ、リーダーオスの年齢や個性によって社会関係が大きく違うという印象を持った。その間、私はゴリラだけでなく、地元の多くの人と知り合いになった。酒好きなことが知れ渡り、頻繁に宴会に呼ばれたのである。ゴリラの観光ガイドをしていたビチブ・ムフンブーカと親友になり、彼をバイクの後ろに乗せてあちこち訪ね歩き、深夜まで酒を飲んで帰ってくる。不思議なことに、酩酊してもちゃんと家に戻るまでは正気だったらしく、事故を起こしたことは一度もない。知り合った人々は以後、私にとって大切な友人になった。この体験が、以後に家族を連れてやってきたとき、そして内乱が起きて国外へ脱出しなければならなくなったとき、大いに助けになったと思う。最初のアフリカ体験は、私にとって人生を左右する大切な出発点となったのだ。

マウンテンゴリラとカリソケキャンプ

帰国してから、私は観察記録をまとめ、ゴリラについて最初の論文を書いた。しかし、それはゴリラの社会像を描き出すには程遠く、もっとゴリラの行動を間近に見なくてはという思いを強くした。屋久島の分裂群のことも気になっていたので、サルたちの動向を見に行ったり、後輩にフィールドを引き継ぐ作業をしたりして忙しい毎日を過ごした。西部林道のヤクシマザルは私たち学生が開拓した研究対象であり、それを次の世代の学生に引き継がねばならないと思ったからである。この伝統は今でも生きている。屋久島では数々の発見をしたが、私自身は博士論文をニホンザルではなく、ゴリラで書こうと思っていた。ところが、博士課程の三年目が終わろうとしているのにその資料が足りないのだ。しかし、もう加納隊に潜り込んで行くことは難しいし、当時は学生の立場で海外渡航費を取得できるような研究費は皆無だった。

そのうち、またとないチャンスが訪れた。ナイロビにある日本学術振興会のオフィスで駐在員として勤務しないかというのである。私は二つ返事で引き受けた。ケニアのナイロビに滞在すれば、ルワンダを訪問してマウンテンゴリラを観察できる機会も得られると思ったのである。さっそく大学を退学してナイロビへ向かった。オフィスは街の中心部から少し外れたところにあり、ナイロビ大学のキャンパスの隣にある。ここで、東京外国語大学の言語学者湯川恭敏*さんといっしょに、日本やアフリカの研究者の調査許可を取ったり便宜を図る仕事に就いた。幸い、湯川さんは現地の言語を研究していたのであまり出張する必要がない。そこで、私はナイロビで集中して勤務する代わりに、ルワンダへ長期間出張することを許してもらった。

ナイロビではいろんなことがあった。購入したばかりのランドローバーが盗まれたり、京都大学の学生がひき逃げされて意識不明の重体になり、京大病院の脳外科の先生と症状を連絡してやり取りしながらロンドンの病院に移送したり、マサイランドからヤギを購入しみんなで解体して焼肉パーティを開いたり、目まぐるしくも楽しい毎日だった。しかし、何よりうれしかったのはマウンテンゴリラの調査ができたことである。

私が赴任してまもなく、伊谷先生がナイロビにやってきてダイアン・フォッシーに会わ

＊湯川恭敏（1941-2014年）

ゆかわ・やすとし　言語学・アフリカ語学者、東京大学名誉教授。バントゥ語が専門。

せてくれると言うのである。当時、フォッシーはコーネル大学で博士論文を書いていて、その合間にルワンダのカリソケ研究所にやってくる。その際、ナイロビに立ち寄るから、会ってゴリラを調査する許可をもらいなさい、というわけだ。私は勇み立った。

ニュースタンレーホテルでお会いしたフォッシーは背が高く、神経質そうな顔立ちだった。たどたどしい英語で私が自分の経験を話すと、彼女は笑いながらゴリラの声を出してみなさいと私に注文を付けた。とっさに私は、一生懸命ゴリラの声を真似てみた。それを聞いて、「まあまあね」とつぶやき、即座にゴリラの調査を許可してくれた。どうやら、私のひたむきな態度が功を奏したらしい。これも伊谷先生のおかげである。フォッシーは日本の霊長類学者のサルを個体識別する方法を見習ってゴリラに名前を付けており、伊谷先生のファンでもあったからだ。指導者の顔の広さと人柄が弟子の可能性を広げる上で重要な役割をするということを、このとき私は思い知った。

晴れてヴィルンガ火山群でマウンテンゴリラの調査ができることになった私は、さっそくルワンダへ飛んでカリソケ研究所へ向かった。研究所と言っても、標高三〇〇〇メートルのヴィソケ山の中腹にあり、苔むしたハゲニアの木が立ち並ぶ静かな森の中だった。小さな小屋が六つあり、それぞれ研究者が住んで調査をしている。すでに、ケンブリッジ大学、カリフォルニア大学デービス校の大学院生と、ヤーキス霊長類センターの研究者が調査をしていた。私が初めて行ったとき、彼らは休暇のため不在で、アメリカ人の学生が二人いるだけだった。フォッシーから話が伝わっていて、二人は喜んで私を迎えてくれた。二人の仕事は森林パトロールで密猟者の罠を回収することだったので、私は一人でトラッカーのヌメイといっしょにゴリラに会いに行くことになった。そのときの体験は今でもはっきりと覚えている。

うっそうとした藪を分けていくと、少し遠くでゴリラの声がした。「いる！」と思ってヌメイをうながすと、彼は「ここからはあんた一人で行くんだ」と言ったのである。あとで知ったのだが、フォッシーはゴリラがトラッカーと密猟者を見間違うと殺されてしまうので、黒人をゴリラに近づけさせない規則にしていたのだ。私は訳が分からないまま、一人でゴリラに接近することになった。すぐ目の前でゴリラの声がする。私は勢いよく草を分けた。突然視界が開け、五メートルと離れていない場所にシルバーバックが座ってこちらを眺めている。メスたちはいっせいにこちらを注視し、子どもゴリラたちは遊びの手を止めてこちらを見ている。やばい、と私は思った。カフジでシルバーバックのムシャムカに襲われた時のことが頭をかすめた。あの時は胸にあざを作っただけで済んだが、今度は！　そう思ったとき、シルバーバックが低い声でぐふううむとうなり、メスや子どもたちが何事もなかったように動き出した。とっさに私は思い出した。フォッシーは「ゴリラに会うときは必ずあいさつをしなさい」と言っていたのだ。あわてて私はぐうむ、ぐうむと声を出したが、ゴリラたちは気にも留めない。間一髪だった。このベートーベンという名のついたシルバーバックが私を無害な人間と認めてくれたおかげで、私はゴリラの群れの中に入ることを許されたのだ。何という威厳だろう。そのとき私は、ゴリラの社会の秘密を垣間見たような気がしたものだ。

学位論文への道

学生や研究者たちがカリソケへ戻ってきて、私は研究テーマを決めることになった。人付けされた群れは三つあり、グループ5は二頭のシルバーバックからなる一五頭の群れ、ナンキーグループは一頭のシルバーバックからなる一四頭の群れ、ピーナツグループは二頭のシルバーバックからなる六頭の群れだった。私はピーナツを選んだ。この群れには一頭の若いメスがいて、他の五頭はすべてオスという変な構成をしている。いずれメスが発情すると、オスたちが競合して事件が起こる可能性がある。それを見たい、と思ったのだ。他にも群れを離れて単独で歩いているシルバーバックがいて、これも観察対象に入れることにした。

それからのことはこれまでいくつかの本に書いているので、ここでは省略しよう。私はひたすらゴリラの観察に集中した。朝暗いうちに一人でキャンプを出て、まだ寝ているゴリラに会い、一日中ゴリラの間で過ごし、日が暮れかかってゴリラがベッドを作り始めると帰途につく。毎日ゴリラが移動するので、ときには六時間も歩かないとゴリラに会えない日もある。帰り道が分からなくなって一晩森で過ごしたこともあるし、バッファローに追いかけられて木の上に半日いたこともある。でも、私はひるまなかった。毎日ゴリラの間には新しいことが起こる。それが見たくて、楽しくて、休む気が起こらなかった。

カリソケの夜は寒い。雨期になればなおさらだ。私はストーブを焚いて、ランプの明かりの下で一日の出来事をタイプライターで打った。それをレポートにまとめてアメリカにいるフォッシーに送り、コメントをもらった。しかし、ファックスなどなかったころで、返事をもらうのに三週間、ときには一ヵ月もかかるときがあった。

ナイロビでの仕事が好評を得たのか、私の任期が一年延びることになった。これ幸いと、私はカリソケに来る機会を増やした。二年の任期を終えて日本へ帰国した後も、その間に貯めた給料を使ってカリソケへ戻り、さらに半年間の調査を続けた。どうしても納得がいくまでゴリラを観察したかったからである。

一九八三年の一月に私は調査を終えて帰国し、すぐに（財）日本モンキーセンター*にリ

＊日本モンキーセンター
愛知県犬山市にあるサル類専門の研究所・博物館・動物園。

サーチフェローとして就職した。半年前に一時帰国したときに面接を受け、採用通知がカリソケに舞い込んだからである。あとで知ったことだが、当時日本モンキーセンターは研究部廃止問題で大荒れだった。研究員が支援会社の名古屋鉄道株式会社の幹部と衝突し、研究部が解体寸前に追い込まれていたのである。私は研究員ではなく、わざわざリサーチフェローという名で雇用され、五年の任期がついていた。学芸部と飼育部の間を走り回り、なんでも雑用をこなすという役割で、わたしはここでも酒を飲んでたくさんの仲間を作った。その後の人生を振り返ると、どうやら私はトラブルがあるところに送り込まれる役回りらしい。日本モンキーセンターでも、「大変なところに来ちゃったね」などと同情されたものだが、本人はどこを吹く風、酒の席でとんでもないことを提案して実行に移したり、次第にみんなから期待されるようになったと思う。

五年の間に私は結婚して二人の子供を作り、屋久島の調査を再開して日本モンキーセンターの展示を屋久島で開催し、自然を学ぶ「あこんき塾」を開き、動物園巡りをして新しい動物園像を若い世代と議論し、文部省の科学研究費を獲得してチームを組み、ザイールでゴリラやチンパンジーの調査を始めた。その合間を縫って学位論文を仕上げたのだから、まあよくやったなあと自分でも思う。

その間、私にとって最も重大な事件は、フォッシー博士が何者かに殺害されたことだった。一九八五年一二月二五日のクリスマスの晩に、降りしきる雨の中をやってきた何者かによって、小屋で眠っていた博士の頭上に山刀が振り下ろされたのだ。そのとき私は日本語訳されようとしていた博士の『霧の中のゴリラ』*の解説を書いていて、その原稿を出版社に送ったところだった。すぐその文に哀悼の言葉を加え、年明けすぐに私はルワンダに飛んでカリソケに登った。事件が起きた時にキャンプにいた研究者が裁判のために山を下りてくるところだったし、キャンプの全員はすでに捕らえられて尋問にかけられていた。その後、今に至るまで犯人は判明していないが、キャンプで働いていた一人は刑務所で亡くなっている。

その後、カリソケキャンプは長い間閉鎖されることになった。博士の死の真相究明が必要だったこともあるが、ルワンダ国内で民族紛争が勃発し、ザイールとの国境付近にあるカリソケキャンプが危険地帯と見なされたためでもある。カリソケ研究所は山のふもとにあるルヘンゲリという街中に移され、そこから研究者が毎日車に乗ってゴリラに会いに出かけるようになった。森の中で寝起きし、ゴリラとともに朝から晩まで過ごす牧歌的な調査生活は、もはや過去の夢となったのである。

学位論文を仕上げた後は、再びカリソケに戻ってマウンテンゴリラを調査をしようと思っていた私は、調査の対象と方法を根本から考え直す必要に迫られた。フォッシー博士の

*『霧のなかのゴリラ―マウンテンゴリラとの13年―』
早川書房、1986年刊。その後、平凡社ライブラリー、平凡社、2002年刊。

死は、ゴリラを保護するために現地の人々と敵対してしまったことが引き起こした悲劇である。それを再び生じさせないためには、現地の国の研究者を育て、現場の人々といっしょにゴリラの保護を実践しなければならない。私はそう心に決めて、最初にゴリラの調査をしたカフジにもどることにした。

その後約三〇年間、私はさまざまな仲間とチームを組んで、ザイール（現コンゴ民主共和国）とガボン共和国でゴリラやチンパンジー、他の霊長類や哺乳類に関する調査を繰り広げてきた。現地国の若い研究者といっしょに調査をし、日本へ招いて博士の学位を取らせた。現地の人々の主導によるゴリラと人間の共存を目指すNGO（非政府組織）を立ち上げ、日本でもその助成運動を展開している。

おわりに

最後に学位取得までの日々を振り返ると、ふつうに学位を取った人に比べてずいぶん回り道をしたなあと思う。課程博士の年限を過ぎてしまったので、私は二本の論文が学術雑誌に掲載されてから、その審査を受けて「論文博士」の学位を得た。日本列島の行脚から屋久島でのニホンザルの調査、ザイールとルワンダでのゴリラの調査を経て、やっと三五歳で学位論文を仕上げてプロの道を歩むことになった。その間、さまざまな仕事をしたし、実に多様なテーマに巡り合ってそれを追求する機会があった。しかし、私の頭の奥底で常にささやいていたのは、私が学部時代に目撃した今西・伊谷論争である。社会はどのような条件で変わるのか、そして人間の家族が進化した背景は、という問いである。その大きな課題を持ち続けたことは幸いだったと思う。そして、今は亡き原子さんの「酒飲みの教え」がとても多くの人々と出会わせてくれた。

学位論文に到達するまでにめぐり歩いた紆余曲折の道は、私のかけがえのない財産になった。残念ながら、恩師である伊谷先生には私の調査地を一度も訪れていただけなかった。一度だけ、先生がケニアの遊牧民調査の帰途、ルワンダでマウンテンゴリラの調査をしていた私を訪ねるという知らせが来たことがある。勇んで空港まで迎えにいったのだが、先生はその直前に転んで手の骨を折り、来訪は実現しなかった。かえすがえすも悔やまれてならない。

しかし、伊谷先生は常に私が送った手紙に丁寧な返事をくださり、アフリカで苦闘している私を励ましてくださった。くせのある先生の字は一目でわかる。手紙を受け取るたびにわくわくしたことを覚えている。伊谷先生の書かれた『ゴリラとピグミーの森』は今でも私のバイブルである。なにか困難に陥った時、とっさに「こんなとき伊谷先生ならどうされるだろう」と考え、実際にそれを実行に移してきた。近くで指導しなくても、学生の心の中に宿り続ける。それが本当の師の姿なのかもしれない。

自分が学生を指導する身になった時、私は真っ先にそのことを思った。そして、常に学生とは少し距離を置いて接して来た。フィールドは自分で切り開くものだと言ってきた。伝統は引き継がれるものである。今、大学を定年で辞める時になって、自然人類学研究室の教えが連綿と未来へ伝えられていってほしいと切に思う。

真剣勝負で挑んだ俳優の道

滝田　栄
たきた・さかえ
一九五〇年生まれ。
俳優。

母に自立を促され家を出される

高校生のとき、勉強も好きだったのですが、受験勉強が嫌いで拒否反応を起こして高校をやめてしまおうかなというところまで行ってしまっていました。僕の気持ちをくんだ母がある日こう言いました。おまえは高校を出たらこの家を出ていきなさい。そして、自分で働いて、自分で生きて、自分が本当にやりたいものを自分の目で見つけなさい。自分が一番好きなものは何か、何でもいい、本当に心からやってみたいものを探しなさい。好きなものだったらそれが本当の目標になって、力を発揮できる、努力もできる。好きなものを見つけたら、人の二倍でも一〇倍でも一〇〇倍でも努力できる。獅子は愛する我が子を崖の上から千尋の谷に突き落とし、我が愛する子が断崖絶壁を命をかけて登ることによって、人生の荒波の中で生きていく強い力を身につけさせる。私は今、あなたを世間という千尋の谷へ突き落とします、と。

母は五黄の寅*の寅年（大正三年・一九一四年）生まれです。どうも寅と獅子を混同していますが、それを一度やってみたかったらしいんです。お箸と茶碗とお椀を紙にくるんで袋に入れて、ご飯はちゃんと食べるんですよと持たされました。背中をぽんっとたたいて僕の自立を促してくれたわけです。ありがたい教えであったとは思っています。

それから、東京でアルバイトを探して、小さなアパートを借りて、大学の夜間部に入り、働きながら大学に行く生活を始めました。大学の四年間に、自分が一生かけて何をやるか、本当にやりたい目標を探せたらいいなという気持ちで、結構ゆったりと構えていました。

冒険に出る少年のような気持ちで生活を始めたのですが、時はちょうど一九六九年から七〇年の安保闘争の真っ盛り。御茶ノ水はいつも大変な騒ぎで、せっかく入った大学がロ

＊五黄の寅（ごおうのとら）

俗説では、五黄の寅の女性は最強の運勢を持っていると言われる。

ックアウトで授業がなかった。アルバイトを終えて街を歩いていたら、映画館で「アラビアのロレンス」**をやっていた。ちょっとおもしろそうだなと思って入ってみました。アラビア半島の解放を目指して、アラブの民族衣装をつけて、広大なあの砂漠を疾走していくロレンスの姿がすごい格好よかった。

思いがけず俳優の道へ

すばらしかったよという話を大学の同級生の田中君にしてみたら、田中君は、君は俳優になるべきだと言うんです。僕は俳優の「は」の字も知らなかったし、演劇の「え」の字も興味はなかった。俳優って何と聞いたら、あのロレンスのように疾走していく、君がやるんだよ、格好いいじゃないか。君のタイプは文学座だね。何、それっ？　文学座、民芸、俳優座という大きな立派な劇団があるから、そこの養成所に入って訓練をしたらいい。君のタイプは文学座だ、と。

文学座の試験にはこういう系統の問題が出て面接とかがあるから、今のそのまま、スポーツマンで真っすぐに、こんにちは、お願いしますって君が言ったらもう決まりだからっと言うんです。おもしろそうだな、ちょっとやってみようかと思って、何かわけのわから

**アラビアのロレンス
1962年に公開されたイギリス・アメリカ合作映画。デヴィッド・リーン監督、ピーター・オトゥール主演。

ないままに受けました。

そうしましたら、二千何百人も受けた大変な試験だったのですが、受かってしまったんです。五〇人が受かった。そして、一時間目の授業で文学座のトップの戌井市郎先生[*]という偉い演出家からこういわれました。この養成所に入ったという肩書きだけですぐにテレビとか映画にスカウトされて出ていってしまう人たちが時々いるが、君は、テレビとか映画とかそういうきらきらした世界にすぐに出たがるちゃらちゃらした俳優になるんじゃないよ。これから一〇年、舞台の上でしっかり勉強して、人間というものをしっかり観察して、一〇年後、二〇年後、君がすばらしい人間を演じられる俳優になるように、僕たちは君を選んだんだ。芝居がいいから選んだんじゃない。長いスタンスで人間をよく観察して、立派なすばらしい人間を演じられる俳優になってください、と。すごく大きい目標というかビジョンが見えて、うれしかったですね。

もう一人、長岡輝子[**]さんという大女優が、一時間目の授業でこう言いました。文学座の養成所に受かったということはすばらしいことだし、すごいことです。でも、これからの約五年間に自分がこれだというチャンスにめぐり合えなかったら、俳優から足をきれいに洗って、芝居のことは忘れなさい。人生を棒に振ってしまいます。俳優はものすごく厳しい勉強したからってなれるものではない。徹底的に選ばれた中からまた訓練して、勉強し

＊戌井市郎（1916-2010年）
いぬい・いちろう　演出家、文学座代表。1935年文学座創立に参加。新劇のみならず、新派、歌舞伎、商業演劇と幅広く演出を手がけた。

＊＊長岡輝子（1908-2010年）
ながおか・てるこ　女優、演出家。晩年は故郷・岩手の方言を伝えたいと精力的に朗読活動を続け95歳で菊地寛賞を受賞。

て再び選ばれなければいけない。そのチャンスがなかったら、残念だけれどもやめるんですよ、と。プロってすごい世界だなと思いました。

勉強が始まりました。四九人は何もしなくたってその場で全部できてしまうんです。僕は劣等生を絵に描いたようなそのもの。本当に芝居って何をすればいいのかわからないわけです。あまりにも僕を気の毒に思った同級生の今井君がうちへ来いよと声をかけてくれました。付いていったのが、神楽坂にある大きな屋敷でした。そこの居間で二人きりで、台本の読み方について、演技について、いろいろと教えてくれました。

そこは、当時、映画の大スターであった三國連太郎***さんのお宅でした。彼は三國さんの付き人をしていて、自分も俳優になるために文学座の養成所を受けて、僕と同期になった。それを三國さんに報告したら、おまえ、すごいな、あそこは俺が受けても受からないと言ったそうです。

三國さんはどういう芝居のつくり方をするのか、そのとき、今井君から聞きました。役がつかめずにわからないと、現場から消えちゃうことがある。本当に役がわかるまで絶対に撮影しないというんです。若かった三國さんは、ある時老人の役を演じるのに、どうしても老人の役がつかめない、わからないと言って、現場から消えてしまったことがあった。現場はもう大変だったらしいのですが、数日して家に帰ってきた。ボロボロの姿で、どう

***三國連太郎（1923-2013年）
みくに・れんたろう　俳優、映画監督。日本映画界を牽引し、圧倒的存在感をスクリーンに残した個性派。

も様子がおかしいなと思って今井君が大丈夫ですかってそばに行ったら、形相を変えて、役ができたって言ったのだそうです。あまりにも変な顔なので、見たら歯が一本もなかった。その一カット、一シーンを撮るために、自分の歯を全部抜いてきてしまった。そういう役づくりですよ。どっきっというか、がーんっというか、僕が俳優というものに抱いていたイメージが全部ぶっ飛んでしまいました。すごい世界だと思った。逆に、これは何かおもしろそうだなという気持ちが僕の中に湧いたのです。

文学座養成所の生活

授業はどんどん進んでいったのですが、相変わらず何もわからない、難しい。養成所の生徒は何も収入がないから、アルバイトをしないと食えない。非常にハングリーな世界です。みんな、あっちで働きこっちで働き、アルバイトしながら養成所に通います。僕もいろいろアルバイトをやっていたけれども、発表会とかレッスンの都合によってはせっかく決まったアルバイトをやめなければいけない、休まなければいけないことがある。

そういう中で、文学座の先輩が銀座でラーメン屋さんを開いたらこれが大当たり。養成所で誰か仕事をしたい人がいたら出前持ちを手伝ってくれないかなという募集が来たときに、多くの男の子がお願いしますと手を挙げた。僕も挙げました。やらせてもらうことになり、ラーメンを入れた岡持ちという四角い箱を持って夕方から深夜まで走り歩く。走っているときにふっと思い出しました。劇団は違うけれども、当時、すばらしい俳優だと思って尊敬していた滝沢修*さん、宇野重吉**さんが、若い修行時代に食えなくて、銀座でお店の看板を持って呼び込みをするような仕事をされていたという有名な話があり、それを僕も聞いていた。自分で岡持ちを持って走りながら、滝沢さん、宇野さんの仲間になれたという、そういう気持ちが正直ありました。

アルバイトをしながら一年間があっという間に過ぎて、研究生が作品、役を割り振られて、演劇の一つの作品をつくる一年の発表会というのがあります。一番できの悪い僕が主役に選ばれて、稽古して稽古して、いよいよ明日本番となりました。

銀座の出前持ちを終えて、深夜、小っちゃなアパートに帰って時計を見て、よし、明日は頑張るぞと思って寝ました。起きて時計を見たのですがあんまり時間が進んでいない。何だ、まだあんまり寝ていなかったかなとぼーっとしていると、何か様子が普通じゃないなと思ってもう一度時計を見た。一二時間が過ぎていた。発表会は終わっていたのです。

貧しくて、僕のところに電話なんかない時代です。着がえて、もう何も考えずに文学座のアトリエへ走って走って飛んで行って、すみませんって叫びました。そうしたら、奥か

**宇野重吉（1914-1988年）

うの・じゅうきち　俳優、演出家、映画監督。滝沢修らと劇団民藝を創設、飄々とした風貌と軽妙な演技が持ち味。

*滝沢修（1906-2000年）

たきざわ・おさむ　俳優、演出家。築地小劇場で初舞台を踏み、東京左翼劇場、新協劇団に参加、劇団民藝を創設した。

ら戌井先生が、何をやっていたんだっと。アルバイトしていて寝ちゃいました、本当にすみませんって、それしか言えない。そうしたら、しようがないな、気をつけなさいと言われただけでした。僕たちがどれほど貧しい生活をしているか、よくご存知なんです。それで、一週間後にもう一回やってくれることになりました。

一番できの悪い僕が、なぜか、一〇人残るうちに入って、四〇人が卒業になってしまった。翌年、同じような生活が続いて、二年目の最後にまた発表会があり、一生懸命やりました。一〇人の中から三人に絞られた。僕がなぜか残っていた。

劇団四季へ

三年が経とうとしたころ、文学座の先輩の有名なさる演出家が、当時まだ完成していない、これから大きくなっていこうという劇団四季に引き抜かれて行くことになりました。その演出家に一緒に行かないか、舞台で飯が食えるぞと誘われました。これにはちょっと気持ちが動いた。でも、決断がつかない。超一流と言われた文学座の養成所で勉強させていただけることになっているのに、どうしようとすごく迷って、当時つき合っていた女性に相談しました。すぐに行きなさい、と答えたのが今の女房です。俳優が僕と何人か、演出家が一人、これからミュージカルとかどんどん仕事を大きく増やしていこうという時期の劇団四季に行きました。

舞台で飯が食えると聞いて、いっぱいトレーニング、勉強になるぞと思ったら、九〇％の仕事が子供向けのミュージカルなんです。要するにスポンサーがついてきっちりと公演する計画を持っていて、自分たちの生活を維持できるようにしていた。そして、子供向けのミュージカルに出てくれと言われた。タイツをはいて踊らなければいけない。僕はいずれ侍を演じたい、武将を演じたいと思って道場に通って、本気で日本刀の稽古をしていた。タイツだけは勘弁してくれませんかって言ったのですが、これも舞台へ出る練習か、この恥ずかしさを自分から消すための訓練になるかと思ってやりました。

年間何百ステージという数をこなしていきました。毎日、乗り打ちと言って一つの都市で公演をして終わると、化粧のまま自分たちで舞台のセットを解体してトラックに積んで、トラックは先乗りして次の都市へ行く。演技部は顔を落としてホテル、宿、旅館に入ってご飯を食べて寝て、次の日、次の都市へ移動する。裏方さんが舞台を組んであって、そこで公演をやる。演じ終わると、また自分たちで舞台を解体してトラックに積んで、また宿で寝る。三六五日、ご飯はラーメンかライスカレー。夜、一杯のラーメンを食べるときに、ライスを一杯つけようかどうかと迷うくらい貧しかったんです。何百ステージやってもそんなものだった。中には体調を崩して逝ってしまった仲間もいます。疲労で、搬入搬出でけがをした仲間もいる。そうやってみんなで頑張ってつくっていった集団でした。

でも、子供向けの仕事の間に、時々、大人の公演があって、それに出してもらえることがありました。僕も何本かやらせてもらいました。失敗したこともあったし、大成功したこともあった。「ジーザス・クライスト・スーパースター」*というミュージカルのユダをやってみなさいと言われた。すごいいい役なんです。自分でやっていてしびれちゃうぐらい格好いい役。でも、ロックという分野でものすごく難しい仕事でした。レコード業界でとても有名な渋谷森久**さんというディレクターが、親切につきっ切りで音のとり方、リズムの感じ方、そこに、せりふ、歌を、言葉をはめていく方法を、一行一行、優しく説明してくれました。

僕は全部理解できた。全部、自分のものにすることができたのです。日生劇場で幕があいた。大当たり。大劇場でこんな当たりは見たことがないというくらいお客さんが熱狂して、観客が絶えなくなりました。しまいには観客が、あの上品な日生劇場の舞台に飛び乗って一緒に踊り出してしまうくらいすごかったんです。舞台ってすごい力があるものだなと思って、自分自身、感動しました。

でも、終わるとすぐにまた翌日から子供向けの芝居。それを繰り返していました。そう

＊ジーザス・クライスト・スーパースター

聖書を題材にイエス・キリストの最後の７日間を描いたロックミュージカル。1971 年にブロードウェイで初演。

いう芝居が本当に好きな人たちもいて、それはそれでいいんです。でも、僕はだめだった。どうしても大人向けの芝居で、通行人でもいいから、大人の心に訴える仕事を目指してやりたいと思った。文学座はまさにそういうところだった。だから、僕を連れて出た演出家も、一緒に行った俳優も、とうの昔にやめていって、残ったのは僕一人になっていました。

それで、あるとき、子供向けの芝居はちょっと自分の趣旨と違うので何とかならないでしょうかって相談しましたら、うん、来なくていいよと言われて、一年くらい何もない。しようがない、また銀座で出前持ちしました。

そんなある日、ラーメンの出前持ちの先へ劇団から借金取りが来て、君、借金があるから払ってくれと言うんです。僕の自慢はいまだに一回も借金をしたことがないことです。俺、借金なんかしたことないよと言ったら、実は君がいない間にある公演をやった。そのときに切符がノルマになっていて、みんなで手分けしてその切符を売ることになっていたけれども、君は一枚も売っていないから、その代金を払ってほしいというわけです。そんな芝居をやったことも僕は知らないし、俺、ラーメンの出前持ちだよって。このお金をどうやって払うのという額なんです。本当の話です。

**渋谷森久（1939-1997年）

しぶや・もりひさ　ディレクター、音楽プロデューサー、編曲家。劇団四季の音響デザインを担当し、独立後は同劇団の音楽監督に就任。

大河ドラマと「ジーザス・クライスト・スーパースター」の掛け持ち

でも、それが劇団員だというから僕は払った。劇団員って何なんだろう、一生懸命考えました。別に給料があるわけじゃない。一本幾らで、やった分だけもらう出来高払いです。保険もない、年金もない。今で言うところの非正規雇用、これが劇団員です。今はどうなっているか知りません。創生期、これからという時期のあの大劇団は、そうやってみんなで頑張ってやっていたんです。

一生懸命働いて、働いて、働いて、お金を払って、考えて悩んでいるときに、ある日、見も知らぬ方から電話が入りました。ＮＨＫの何々と申しますが、私がやるドラマに出ていただけないでしょうか。渋谷のパルコに西武劇場ができたときで、こけら落としを兼ねてサルトルの「汚れた手」とか「ジーザス・クライスト・スーパースター」をあの小劇場でやっていた時でした。西武劇場のあなたの芝居を見て、特にただ通行人をやっていたときのあの姿を見て一緒にやりたいと思ったのですと言ってくれた。

長岡さんに五年のうちにチャンスがなかったらやめなさいよと言われた。もしかしてこれがそのチャンスなのかなと思って、思い切って劇団に僕は正直に相談しました。劇団はローテーションが決まっているから一人抜けると狂ってしまう。また、一人だけ特別な存在ができると全体が動きにくくなってしまうという世界で、ものすごい嫌な顔をされたけれども、やらせてもらえることになった。

やりました。大評判だった。忘れもしないあの作品ですけれども、その作品が終わったら、すぐにまた電話が入ったんです。NHKの何々と申します。源頼朝と北条政子と北条義時が鎌倉幕府を築いたときの物語を一年かけてやる大河ドラマに出ていただけないでしょうか。伊東十郎祐之という、北条義時と友達なんだけれども、政子と頼朝の当て馬に使われて傷ついて、恨みと呪いで道を外して、強盗、火つけ、略奪、ひどい道を歩んで、しまいに執権となった義時に捕らえられて、目玉をえぐり抜かれて野に捨てられてのち心の目が開く。琵琶法師となって心の目であの平家物語を奏で吟ずるという、すごい役なんです。先日の作品はすばらしかったです、ぜひご一緒したい。中島丈博*さんというすばらしい天才作家が燃えちゃっているんです。ぜひ作家にも会ってほしいと。

滝田君、ぜひやってほしいと、その丈博さんに言われたときに、そんなオファーをされたことは初めてで、熱い思いが本当にぐっと来て、やってみたいなと思ったんです。もう自分でやることに決めて、劇団にその話をしに行きました。何とその撮影の初日からだぶって同じ時期に「ジーザス・クライスト・スーパースター」の再演が決まったんです。ユ

＊中島丈博（1935年生まれ）

なかじま・たけひろ　脚本家、小説家、映画監督。『草燃える』の脚本を執筆。

ダは僕がやった一番すばらしい役だから両方やりたい。体力もあったし、気力もあったし、ばりばりで若かったから、両方やらせてくださいと言いました。ＮＨＫには、夕方五時には劇場に入って準備しないと間に合わないので、それ以前に必ずスタジオを出られるようにとお願いして公演とかけ持ちで撮影が始まりました。

大河ドラマ撮影でのある日。祐之は悪逆三昧を尽くしているところを執権義時に捕らえられてしまう。おまえ、青春をともにした祐之じゃないか。あまりにも落ちぶれた姿を見て、松平健ちゃんの義時が、逃がしてくれようと促すんです。祐之は逆上して、俺に哀れみをかけたな、この野郎と、怒り心頭で、床をばーんっと踏み締めて、いろりのぐらぐら煮えている鍋をひっくり返し、灰かぐらを立てて暴れ回るシーンがあったんです。

床をばーんっとやったときに、背中でぶちっという音がした。体が動かない。背中の筋が切れちゃった。過労でした。それが芸能界での最初のけがでした。健ちゃんが、滝田さん、大丈夫ですか、顔が青いですよって。脂汗が垂れ、ぐちゃぐちゃのメークを越えて顔が青くなっている。メークのまま車に乗せられ、当時巨人軍のトレーナーをされていた小守さんという名トレーナーのところへ僕は運び込まれました。

今夜、舞台に出るのを知って、小守さんが、はりで背中の痛みを抑えて、その痛みを耳たぶに抜く非常に難しいはりを打ってくれた。これで、右側の筋肉で立てるはずだから、左側の筋肉を使わないようにして右で立って今日は芝居をやったらいい、そのかわり耳をさわったら背中の痛みがここに爆発的にたまっているから、ひっくり返るくらい痛みが来るよと言われた。

体に三十何本、短いはりを打ち込んで、そのまま劇場でユダを演じました。急斜面の舞台を転がり落ちるというシーンがあった。右が切れちゃったらもう立てないので、さすがにそれはできなかったけれど、無事、何とかできた。終わるともう本当に動けないので、そのままうちに帰って、家族に靴下から何かから全部脱がせてもらい、体も洗ってもらって、拭いてもらって、布団に横にしてもらって、翌日からもやり続けました。

若さってすごい。やりながら治っていきました。自分で感動するぐらい。それまで前傾姿勢で芝居をするくせがあったのですが、これが治って真っすぐにしか立てない状態になった。いまだに姿勢がいいと言われるのはそのおかげじゃないかと思います。

それで、大河ドラマの最終回。義時と政子が天下をとって頂点に上り詰めたわけですが、なぜかむなしい。あまりにも多くの人を殺し過ぎた、裏切りだまし人をあやめ過ぎた。天下の頂点にいながら決して心が明るくなれない。まちに琵琶法師とやらが来て評判になっていますが、聞いてみますかと言われて、政子と義時が館に琵琶法師を呼ぶ。彼らは一番高いところ、地面にござを敷いて目の見えない法師がやってきて座る。

彼が正座をしたとき、二人はぎょっとする。祐之は実は岩下志麻さんが演じる北条政子に惚れていた。政子さんを略奪して頼朝と会わせるために、頼朝の家来が、政子様がおまえに会いたいと言って待っているから政子さんを連れて山の寺に逃げろ、そうしたら、おまえたちは必ず結ばれる。祐之の僕はうれしくて、岩下さんを抱きかかえて二人乗りで馬で疾走するシーンがありました。山の中の寺に着く。着いて、政子様、やっと二人になれたという喜びを表現した瞬間に頼朝の家来がぞろぞろとやってきて、ばか者、おまえみたいなやつに政子様が惚れると思うか、頼朝殿が待っていると、めちゃくちゃぼこぼこにされた。そこから、道を踏み外して、もう許さないという怨念の人生が始まるわけです。

道を踏み外す原因になってしまった政子、それを知っている北条執権義時は、祐之じゃないかと気がつく。でも、言葉に出ない、ただ見ている。祐之は知っている、感じている。それで、祇園精舎の鐘の声、目をつぶったまま琵琶を弾いて吟じました。

鶴田錦史＊さんという芸大の大琵琶奏者が当時おられました。武満徹さんの「ノヴェンバー・ステップス」をバーンスタインが指揮してニューヨーク・フィルが演奏したときの琵琶奏者です。どうしても本番では目をつぶって弾きながら平家物語を吟じたいと言いましたら、その方が、大丈夫、私がお教えしますと言って、一年かけて教えてくれました。

その日のためにずーっと練習して楽しみに待っていたんです。琵琶を弾いて、おごれる

＊**鶴田錦史**（1911-1995年）

つるた・きんし　薩摩琵琶演奏家。映画「怪談」の音楽を担当した武満徹に見出され、世界デビューを果たす。

者久しからず、ただ春の夜の夢のごとし。二人に向かってそういう怨念を込めて演じる中で、三人の顔がアップ。それぞれアップ、アップ、アップ。物語、最終回。これは大河ドラマの最高傑作じゃないかと思う物語でした。

劇団四季を退団

それを演じ終えたときに、自分の道が二つに分かれつつあると感じました。もともと非正規雇用ですから、自分で責任を持って悔いのない道を選ぼうと決心し、退団を決めました。それまでものすごいいっぱい仕事をやらせてもらって、長くお世話になりました。ずーっとお風呂のあるうちに住めなかったけれども、みんなそうだったんです。本当に貧しかった。あれだけやってどうしてというくらいみんな我慢して、みんなでつくっていった思い出もすごくありました。どうせここまでやるならば、本当に見てくれた人の心に響く、人間ってすばらしいもんだなと思ってもらえるそういう仕事をしたい。本当によかったよ、人間ってすばらしいねと言ってもらえるような仕事をしたい。そういう生き方をしよう、貧しくていい、別に有名にならなくてもいい。有名になろうと思って頑張ったことは一回もないです。

それで、そういう気持ちで本気で始めたら、あちこちからいろいろな仕事のオファーが来るようになった。そのうちに民放から料理番組をやりませんか、と。山登りが好きで、家でも自分で料理やっていましたので、僕でよかったらお願いしますと言って始めたのが「料理バンザイ！」。それから二〇年もやらせてもらいました。「料理バンザイ！」に出演して初めてお風呂つきの小っちゃいアパートに移れた。ああ、自宅で風呂に入れるって幸せだなと思った。本当ですよ。

大河ドラマ『徳川家康』の主役に

あちこちの民放で仕事を続けていったら、ある日、とてつもなく大きな仕事がやってきました。次回の大河ドラマで、主役の徳川家康*を演じてほしい。大河ドラマの主役なんて来るはずがないんですから天の上まで飛び上がっちゃうくらいの驚き、喜び。冗談じゃないかな、うそじゃないかなと思うくらい驚きました。

それで、やらせていただくことになって、資料と完成している何冊かの台本が送られてきて準備を始めました。そのころ、僕は真剣に三國連太郎さんに負けないぞという芝居づくりをしていましたから、どんな本が来ても全部本気で読み、配役された役がどういうキ

＊徳川家康（1543-1616年）
とくがわ・いえやす　戦国時代に終止符を打ち、江戸幕府を開く。大河ドラマの原作は山岡荘八『徳川家康』。

ャラクターで何を考えているのか、一回読めばそれを自分のものにして演じることができる、それくらいの一種のスーパーコンピューター状態になっていました。

だから、大河の主役、大丈夫、絶対びっくりさせてやるからと思って準備を始めました。ところが、信長、秀吉、信玄、今川義元、ほかの武将たちのキャラクターとか性格、姿はイメージが湧いて、これなら今すぐにでも演じられるという感じがしたのですが、肝心の徳川家康がさっぱりわからないんです。

何を考えているんだろう、この人。人生の目的、志は何だろう、何もわからない。ぶざまにただじーっと黙っているだけにしか見えない。わからないことには演じられませんので、困ってしまって三國さん状態になってきて、逃げちゃおう、どこかへ消えちゃおうかなと本当に思いました。

でも、消えちゃう前に、こんなに大きな仕事を僕に与えてくれた制作に一度お会いしてからにしようとお尋ねしました。すみません、せっかくこんな配役を振っていただいたのに、ほかの武将たちは全部わかるんですが家康が全然わかりません、と申しましたら、滝田君、秀吉がサルで、信長がオオカミで、家康がタヌキで、その程度のドラマをやろうとしているんじゃない。戦国という誰もとめることができなくなってしまったあの悲劇の時代をついに終わらせて、徳川二六〇年余という一度も戦争も内乱もない世界記録ギネスを打ち立てた、その礎を築いた巨人、徳川家康の魂の物語をこれから始めようとしているんだ。その魂を演じることができるのは、滝田君、君しかいない。一言でめろめろになりました。

俺しかいないのか、魂か。地の底に落ちるほど自信を失っていたものが、また天の上まで舞い上がってしまって、やってやろうじゃないかって。本当に俳優って単純ですね。わかりましたと自信満々で家に帰って、資料、原作、読むんですが、相変わらずわからない。どこに心があるのか、どこに魂があるのか、物語を読んでもわからない。しまいには血の気が引いてくるのがわかりました。本当に貧血状態です。怖くなってきた。もしあと一回読んでわからなかったら、どこかへ消えてしまおう。

本当に覚悟を決めて原作を一行ずつ丁寧に丁寧に、冷静に読んでいくと、家康が七歳から一九歳まで竹千代と呼ばれた時代に、今川義元の人質になって、義元の大参謀である静岡・臨済寺の太原雪斎*禅師という方に預けられていたというくだりがあった。七歳から一九歳といったら、人間が人間として形作られていく、考え方とか、感じ方とか、性格とか、そういうものがしっかりと固まっていくものすごく大事な時期。本当はお母さんがそばにいて温かい世界で鍛えられなければならないのに、そういつ殺されるかわからない人質という苛酷な状況で七歳から一九歳までそこにいたというくだりを読んでいるときに、

＊太原雪斎（1496-1555年）

たいげん・せっさい　戦国時代の武将・政治家。臨済宗の僧侶で今川家の家臣。

もしかしたらそこに行けば家康がわかるかもしれないとひらめいた。おまえ、行けという天の声が聞こえた。臨済寺というのが本当にあるかを調べて電話してみた。実はこれこれこういうわけで、役づくりのためにしばらく置いていただけないでしょうかと申し上げましたら、ここは禅宗の和尚を養成する道場で、全国にある禅の道場でも厳しいことで有名で修行僧でも逃げ出すような世界です。一般の方は無理ですからご遠慮くださいと言われた。

そのときに、これは本物だって、また電気が点いたんです。ここは、二五〇〇年前にお釈迦様が開いた悟り、教えというものをそのまま脈々ときちっと受け継いで、しかも、それが生きたまま流れている道場で、そこに家康がいて、絶対何か影響を受けているはずだと直感した。それならなおのことお願いしますとお願いしたら、それでは、二日でも三日でも来てみたらいかがですかっと折れてくれたので、ぶっ飛んで行きました。

静岡・臨済寺で家康の本心を感得

臨済寺のくぐり戸を一歩踏み込んだときに、感動しました。この地面、ここを竹千代が本当に歩いていた。七歳から一九歳まで、ここを歩きこの空気を吸っていた。もしかして、この足の裏の感じから家康がわかるかもしれない、この空気の味から家康がわかるかもしれない。お寺の玄関まで行くと、お寺の方が本当に親切に迎えてくれました。

大変な世界ですが、今さら座禅などというものは時間もないし、足が痛いだけで意味がないから、朝の掃除と食事だけを修行僧と一緒にして、あとは心行くまでお部屋で勉強なさってくださいと一部屋あけてくださった。二階の小さな部屋でした。その隣に竹千代が座って勉強していたという、竹千代の間として復元された小さな部屋がありました。障子越しの光がやわらかに入るところに見台《けんだい》があって、ここで勉強していたのかというすごい臨場感、うれしかったですね。そのすぐ隣の部屋での生活が始まったのです。

朝、夜明けと同時に起きて、境内の掃除をして、雑巾がけをして、終わると汗を拭いてすぐに板の間に整列して食事をいただく。禅宗だから格好いいんです。みんな、きちっとしていて俳優みたいにだらしない格好をしない。

この人たちが板の間にきちっと整列して、食事の前に五観の偈《げ》という偈文を唱えます。「一つには、功の多少を計り、彼の来処を量るべし」、「二つには、己が徳行の全か、欠か、多か減かをはかる」、「三つには、心を防ぎ過《とが》を顕すは三毒に過ぎず」、「四つには、正に良薬を事として形苦を済《すく》わんことを取る」、「五つには、道業《どうごう》を成《じょう》ぜんが為なり、世報は意に非ず」。* こんなことを唱えてからいただくのが、ひたひたのおかゆと梅干しと沢庵。これ

＊五観の偈（ごかんのげ）

奈良・薬師寺仕様の偈文で、現代語で書かれていてわかりやすいのでこちらで説明します。禅寺で使われる偈文と意味は同じ。

をいただくのにこんなことを唱えるのです。

あまりにも皆さんが格好いいので、この偈文がどういう意味か、一生懸命自分で考えてみました。「功の多少を計り、彼の来処を量るべし」。「功の多少」、この食事をいただくための行いをしたかどうか、よく考えてみなさい。「彼の来処を量るべし」、お百姓さんが一生懸命耕して作ったお米がご喜捨、ご縁によってお寺にご寄進されて、本来は自分が修行すべきお坊さんが食事当番になって一生懸命みんなの行が成功するように心を込めてつくってくれた一杯のおかゆ、まず、それを考えなさい。

二つは、「己が徳行の全か、欠か、多か減かをはかる」。徳行ですから、自分以外の人のためにどんなことをしたか、よく考えてみなさい。それが多過ぎないか、少な過ぎないか、やり過ぎか、足りないか、よく考えなさい。そういうことを丁寧にお唱えして、最後、これは自分の修行を完成するための薬ですという言葉をお唱えして、一杯のおかゆをいただくわけです。

これを自分で解読していたら、一三年もいたのですから家康も五観の偈を知っているなと思った。ということは、お百姓さんとか全ての働く人の気持ちを知っている人なのだと思った。家康はうまいものが食えて当たり前みたいな二代目のぼんぼんと違う。働く人がどれほど苦労してこれをつくったか、それを食べるときの心構えをしっかりと身につけて育って、世間の人たちがどういう生き方をしているか、よく知っていたはずだと思った。その証拠には、彼は生涯一汁一菜、ご飯とみそ汁とおかず一品で通したのです。贅沢をしなかった。

それで、二代目の秀忠に残した遺言は、足るを知るという知足。絶対に贅沢をするな、天下は天下のための天下なり。つまり、政治を行う天下人は天下万民のために働くのが使命で、贅沢するためにある天下ではない、くれぐれも気をつけろと、すごいことをおっしゃった。

三代将軍が江戸城に入ったときには、家臣が南禅寺の金地院崇伝に正書させた知足の書をお父さんの秀忠からもらって江戸城の謁見の間にかけ、全家来を集めてそれを見せて、御所様のこの心を忘れるな、我々は決して贅沢をしてはいけないぞ、天下万民が幸せになるためにあるのがこの我々だ、忘れまいぞ、と言ってそれを伝えていったという。すばらしいですね。

五観の偈はわかった。きっと家康はこういう人だろうなって。でも、それだけじゃまだ家康は演じられない。何かもっとあるはずだと思ってもわからない。これ以上だめかなと思っていたときに、臨済寺の当時のご隠居さん、長老、倉内松堂老師という大変高齢なおじいちゃんが小さな庵にお住まいになっていて、お茶に呼んでくれたのです。今日は肩の力を抜いてリラックスしなさい。お部屋を拝見すると朝から晩まで電気がついていますが、お勉強は進みましたか。僕は一回もお目にかかっていなかったのに、僕をずーっと思ってくれて、きっとこの子は追い詰められているなと見抜いてくださった。

今日はリラックスしなさいと、煎茶を丁寧に淹れて一杯まず勧めてくださった。盃のようなお茶碗でいただくと、甘いんです。おいしかった。染み渡るような甘さで、おいしいですねと言いました。二杯目、随分味が変わって渋かった。味が変わりましたねと言いました。三杯目は熱いお湯で直接入れて、さあ、どうぞ。頂戴したらまた味が変わって、随分味が変わるのですねと言ったら、一杯目はあえて甘く淹れるから甘いと書いて甘《カン》という。二杯目はあえて渋く淹れるから渋いと書いて渋《ジュウ》という。三杯目はあえて苦く淹れるから苦いと書いて苦《ク》という。甘い、渋い、苦い、甘《カン》、渋《ジュウ》、苦《ク》といって、三つそろって人生の味わいというんだがね、かっかっかっ。普通にお話だったら、かっかっかっかっはオーバーですが、格好いいなと。にこっとされたときの素敵なこと。

家康はどうだったのだろう。甘、渋、苦、全部あったかなと考えると、甘なぞはない。渋もない。苦の連続。それも辛苦。普通の人には耐えられないような苦しみの連続です。静岡へ連れてこられる前は、実は五歳から七歳まで、信長のお父さんの信秀に人質にとられて、萬松寺という織田家の菩提寺に預けられていた。それは逆によかったのかもしれない。

その和尚さんが読み書き、手習いをしっかり教えてくれた。織田信秀は子供なんかを預かっているのが面倒くさくなって、今川義元に売ってしまうんです。こいつ、持っているといいよ、後々便利だよ、みたいな感じ。当時、売り買いされていたらしい。

それで、義元のところに送られて、七歳からずーっとそういう生活をしていた。その艱難辛苦の中を、その苦しみを一つ一つ耐えて、耐えて、乗り越えて、また次の苦しみを我慢して乗り越えて、誰もできなかった苦しみも耐えて、ついにあの戦国時代を終わらせたという物語なんだなと初めて気づいた。馬に乗ってさっそうと出てくるようなことをイメージしては全然違う。ぶざまでいいんだ、格好悪くていいんだ。でも、なんとかこの戦国の世を終わらせなければという思いが腹の底にあったんだ。

と思ったときに松堂老師が、涅槃図というお釈迦様が亡くなられたときの絵を僕の前の壁にかけてくれた。亡くなられたお釈迦様が横たわったその周りを生きとし生けるものが囲んで、みんな、泣いている。人間も昆虫も獣も、命あるものがみんな涙を流している。全てのものがお釈迦様を囲んで涙を流しておるが、どうして泣いていると思うかねと僕に尋ねられた。僕は仏教のことは全然知りませんでしたから、お釈迦様ほどの方になるとお別れが悲しいんだと思います、それしかわかりませんと正直に申し上げました。そうしましたら、そのとおり、お釈迦様ほどの方なんだ。

その当時、インドも戦国時代と同じで、隙あらば国を滅ぼして奪ってしまうような、そういう時代であった。そういう時代にあってどうしたら、本当の安心、本当の幸せというものを手に入れることができるのか。お金は幾らあってもなくなってしまうものではないかという心配が絶えない。権力も失ったら終わりという心配がある。そういうものを超越した、本当に消えることのない安心、そういうものが必ずあるはずだ。

ものすごく苦しまれて修行されて、ついにその境地に到達されて、その境地とそこに到達する道を全ての生き物に教えてくださった命あるもの全ての大恩人。あの時代に八〇過ぎまで生きられたのです。生きて、みんなを導いてくださった優しかったお釈迦様が亡くなられて、別れを惜しんで、全ての命あるものが涙を流している絵を、四〇〇年前、おそらく太原雪斎禅師は是《これ》を竹千代に示して、いいかい、おまえはこのお釈迦様のような武将になるんだよと教えたと思うがどうだろうかと問いかけてくれたのです。

人生最期のビジョンを少年竹千代に示した。おまえが人生最期を迎えるときには全ての人間がおまえに心から感謝して、涙を流して別れを惜しんでくれるような人になるんだよということですね。お釈迦様になれよということです。苦しんでいる人がいたら助けて、悲しんでいる人がいたらそばに寄って慰めてあげて、あだやおろそかに傷つけたり苦しめたりするようなことをしてはいけないぞ、こういう人になるんだよと教えたと思うが、どうだろうか。ここで教えることはそれしかないとおっしゃられた。

そのときに、ついにわかった。悟りがやってきた。これだーっと思ったんです。これが家康の本心だ、全くほかの武将と違う。ほかの武将たちは欲望の赴くままに、天下の頂点に立って自分が望んだ欲望を全部果たしてみたい。あれもやる、これもやる、やってみせる、やりたい放題やってやるぞという欲望に任せて頂点に立った。

今、世界を見回すと、人間はみんなそっちに行っている。インドでは、物質欲とか権力欲とかの頂点を目指す生き方を完遂した人をマハー・ラージャーといいます。それに対して精神の修行ヨガ、それをやる人をヨギという。その頂点を極めた人をヨギ・ラージャーという。お釈迦様は、ヨギ・ラージャーという精神の勝利者です。

家康は、マハー・ラージャーではなくて、ヨギ・ラージャーの要素があったに違いないと僕は思った。ありがとうございます、全部わかりました。もう大丈夫。食事をしていても、歩いていても、何をしていても、僕、朝から晩まで家康でいられます。お礼を申し上げてお寺を出て、撮影に入りました。無事、一年間、演じることができた。僕は家康にも惚れたけれども、やはりあのお釈迦様の話が強烈でした。いつまでも心に残って消えない。

「レ・ミゼラブル」の舞台へ

そして、家康を無事演じ終えて、しばらくするうちに、世界の小説のベストセラー、名作中の名作と言われる大作「レ・ミゼラブル」*がイギリスでミュージカルで上演されて、世界でも類を見ない大成功をおさめていました。そのオリジナルのスタッフ、プロデューサーのキャメロン・マッキントッシュはじめ、作詞家のアラン・ブーブリル、作曲家のクロード＝ミシェル・シェーンベルク、全員が日本に来て、ニューヨークとほぼ同時に日本で上演したいのでオーディションを開くから、滝田さん、ぜひ受けてみませんかという話が来たんです。すごい話なんですが、僕、ばかでね。一年間、家康をやりましたから、何で俺がオーディションを受けなきゃいけなんだよ。俺を誰だと思っているんだ、俺、将軍だぞ。本当にそう思っちゃうんですよ。今思えば、愚か者と思うのですが、本気で一年やると役がしみちゃって抜けないんです。家の者も友達も迷惑だったでしょうね。

そのときに叱られました、ある女性に。何を考えているんですか。大河ドラマの主役をやったくらいで、日本では少し知られるようになったかもしれないけれど、滝田栄なんて、世界へ出てみなさい、誰も知らないでしょう。その世界で一番と言われる人たちが日本に

＊レ・ミゼラブル（Les Misérables）
ヴィクトル・ユーゴー（1802–1885年）が1862年に執筆したフランス・ロマン主義の大河小説。

来て、本当にできる仲間を探しに来てくれると言っている。こちらからお願いしますと行くのが筋でしょう。ばかじゃないのって言ったのが今の女房です。そうか、そういうもんかと思った。

それで、受けに行きました。でも、ごねました。将軍がみんなと一緒に順番を待つのは嫌だ、オーディションの順番の中で待つのは耐えられないなんて、本当にそんな気分でおりました。芸能界にはそういう人が何人かいたらしくて、制作から連絡があって、何人かそういう方がおられますので、誰も来ないホテルの一部屋で順番を決めてお会いできるように用意しましたというので、それならまあいいかと言って、オーケーしました。

ちょうどそのころに詩人の岩谷時子さんからお茶でもしませんかと言われました。岩谷さんは、僕が駆け出しのころからなぜかすごく気にかけてくれて、会っては、いろいろお話をしてくださる長いおつき合いだったのです。「レ・ミゼラブル」のオーディションがあるようですけれどもお受けになるの、と言うから、ええ、覚悟を決めました。ああ、そう。大きな仕事だし、挑戦することは本当にすばらしいことだから頑張ってくださいねって。ただ、アメリカやヨーロッパのオーディションは日本のオーディションとはまるで違う。生意気でもいい、何でもいい、本当に自分たちが求めるキャラクターに合っているかどうかを見るレベルの高いオーディションだから、もし受けるならば、今、手に入るスコア、台本、全部体に入れて、言われたところをその場で本を離して読めるくらい、歌えるくらい練習していきなさいよと教えてくれた。

それで、行きました。ジョン・ケアードというロイヤル・シェークスピア劇場の大演出家、初演の「レ・ミゼラブル」の演出家が待っていた。お会いできて本当にうれしい。早速、お声を聞かせてもらえますか、何を歌ってもらえますか。何でもどうぞ。それでは、ジャンバルジャンのアリアを聞かせてほしい。わかりました。歌いました。下手な英語で覚えて歌ったんです。エクセレント、すばらしいって、本当かなと思ったんですが、褒めてくれた。次、これも聞かせてほしい。わかりました。歌った。すばらしいとすごい顔で褒めてくれる。ただし、ジャンバルジャンは二〇年も牢屋にいて鎖につながれてむちを打たれて肉体労働を強いられ、ものすごくむさくるしく、半端じゃない肉体をしている。今、あなたを見るとトゥー・ビューティフル、美し過ぎると言うんです。

ばかな、ふざけるな。英国のロイヤル・シェークスピア劇場の大演出家とホテルで会うというから、着たこともないのにスーツを着てネクタイを締めて、なけなしの靴をピカピカに磨いて来たんじゃないか。美し過ぎるとは何事だ。本当に気分を害したんです。

次回、何カ月か後に、今度はプロデューサーも一緒に全員が日本に来るからそのときには見た目のイメージも含めて、ぜひジャンバルジャンをつくって会ってくれませんかと言うので、わかりました、じゃ、準備しますとお別れしました。部屋を出たらもう気分が悪くて悪くて、将軍にノーと言うとは許せんって。ばかですね。

若かった、ばかだった。五反田にある行きつけの赤ちょうちんへそのまま日が暮れる前から行って芋焼酎をストレートであおるように飲みました。そんな飲み方はしたことがないんです。飲んで飲んでめちゃくちゃべろんべろんになった。当時、長野県の八ケ岳に住んでいたのですが、駅前でタクシーを拾って、八ケ岳って言っちゃったんです。僕はべろべろに酔っぱらって寝ちゃっていて、気がついたら、本当に八ケ岳の自分の小っちゃい小屋に着いていました。お幾らでしょうかと聞いたら、一〇万円ですと聞いた瞬間にびっくりしました。しまった、ばかだなと思いながらお支払いして、小屋に一人で入った。人に会えないくらい恥ずかしい。俺って何てばかなんだろうと思いながら、次の日から役づくりに農作業を始めました。

ぼろぼろのジーパンをはいて、ぼろぼろのゴムぞうりを履いて、ぼろぼろのよれよれのTシャツを着て、帽子もかぶらずに畑に出て、朝から晩まで畑仕事をして、ひげも伸び放題、日焼け放題、髪伸び放題。三カ月ぐらいやったかな。筋肉も結構張って大きく見えてきて、立ち方なんかもいつもジャンバルジャン。朝から晩までジャンバルジャンやるんですから、すっかりでき上がった。

また連絡があった。最終の選考会が劇場であるんですが、滝田さんはどこで受けていただけますかという。将軍は消え去っていて、どこでもいいです、どこにでも伺います、と。それで、帝国劇場へ行きました。

受けに来たほかの俳優さんたち、現存の今有名な俳優さん、全員、並んでいました。ぼろんぼろんの汚い農作業着で入っていって順番を待って、そのままピアノの前でジャンバルジャンのアリアを歌った。「キャッツ」とか「オペラ座の怪人」とかをプロデュースした世界一の大プロデューサー、キャメロン・マッキントッシュが、コングラチュレーション、次、あなたに会うのは劇場の幕があくときになるでしょう、と。

それで、すぐに稽古に入ったのですが、それから約一年間、稽古です。一行一行翻訳をしながら歌詞がちゃんと曲に乗っているか、演じられる歌詞に翻訳されているか、確認しながら約一年間稽古しながらつくっていった。オーディションに一年、稽古に一年、三年目に帝国劇場で幕があきました。

二〇〇〇人近いお客さんで超満員。稽古のとおりに三國連太郎さんもぶっ飛んじゃうような勢いで全精魂込めて演じました。昔、黒柳徹子さんに、あなた、あれを演じるときってどれくらいの気持ちと聞かれて、ヘビー級のボクシングの世界タイトルマッチに臨むくらいの準備と覚悟と気合です。劇場が三階まであったら、そこの一番後ろの、人間が小っちゃく見えるような遠くにいる一番すみっこのお客さんまで、人間はすばらしいと感動して、感動に打ち震えて立てないくらいに打ちのめしてやるという覚悟ですと言ったんです。

初日が終わりました。拍手が鳴りやまない。一席も空席がない劇場中が拍手、カーテンコール、何十分、何回やったでしょうね。それが毎日続くようになりました。その日から、都合一四年間にわたって主役をやらせてもらいました。一日も一秒たりとも僕は手を抜かなかった。これだけは胸を張って言える。やらせてもらいました。

それで、五〇を過ぎたころ、やっぱり限界が来ていた。体がぼろぼろで疲れがとれない。一日二回公演があることがある。一回公演をやると、喉を潰したお相撲さんみたいな声になっちゃう。二回目までに何とか回復しなきゃと思っても回復しない。そうすると、衣装を着たまま帝国劇場の前の通りを走って、三軒隣だったかのビルの越路吹雪さんも通っていた有名な耳鼻咽喉科の先生のところに飛んでいった。先生、声が出なくなっちゃった。あと一時間で何とかお願いしますと。

これは限界を超えちゃっているので無理だよ。プロデューサーを呼んできなさい、私が話をしてあげるからっておっしゃった。でも、何とかお願いしますと言って、スポーツだったらドーピング検査に引っかかるステロイドを使いました。一粒飲む、そうすると、一回は何とかかろうじて少し出るようになります。少し響くようになって、歌えるようになる。でも、それを悪くしたらもうだめ。それを繰り返していました。

そんな状態でついに体もみしみしいい出して、ものすごく大事なシーンでぼきっという音がしたんです。もしこのまま座り込んだら二度と立てないだろうなというくらいの激痛がはしった。背中が切れてぎっくり腰。コゼットというかわいそうな娘のお母さんを、死んでいくお母さんを抱き上げた瞬間にぼきっと来た。でも、座り込んだら立てなくなっちゃうから、お尻を締めて腹筋に力を入れてやりました。やり遂げる、絶対にやると決めてやったんです。

終演後トレーナーさんに楽屋に来てもらって、裸になって診てもらった。腰から、背中から内出血して、首から足の裏まで内出血で紫色になっていた。よくこれでやりましたねと言うから、やったんじゃない、これからもやるんだから何とかしてって。テープで押さえて、絶対にやめないと決めてやり続けました。ただ、コゼットの恋人のマリウスという役をおぶって延々と歩かなければならないシーンがあって、そこだけはさすがにできなかった。だから、肩を貸して歩くような芝居に変えてやったのを思い出します。

ぼちぼちこれは限界だろうなと思っていた五二になったとき、若い人と変わってほしいと。ついに来た。わかりました、これはしようがない。それで、次、どうしようと考えました。あのカーテンコールを一〇年以上もいただいたら、後がない。二〇〇〇人近いお客さんが感動で立てない。滂沱の涙で震えているのが見えるんです。僕も世界タイトルマッチを勝利したような気持ち、状態で、毎日喜んでいた。本当に神様が今ここにいるなと思うくらいの感動の毎日でした。

お釈迦さまの心を求めてインドへ

こんなにすばらしい感動をしたのだから後はもういいやと思ったときに、そうだ、お釈迦様だと思ったんです。家康が少年時代しっかり学んで身につけた世界一のすごい人がいる。でも、これは芝居じゃ無理だなと思った。芝居はもういい。舞台の上では立派な人を演じましたが、緞帳がおりた後の素に戻った自分を深く顧みるとまだまだ愚かなところがいっぱいあって、人を恨んだり、嫉妬したり、迷いもある。人間として完成していない。

ジャンバルジャンは、教会の司教に助けられて、愚かな男だけれどもよく生きるんだと心に決めて残りの一生をよく生きたというだけの話、それが世界一の小説としていまだに世界中の人々の心を動かしベストセラーを誇っている。舞台もそのとおり、愚かな男がよく生きると決めてよく生きたというだけの話。僕はそれを一〇年以上も演じた。でも、滝田栄という本体はどうなんだろうと考えたときに、まだまだだめだ。これを何とかして人生を終えなければ！

それで、出家しようと本当に思いました。お坊さんになろうと。当時、今よりはるかに有名な状態にありましたので、おそらく日本では出家しても修行なんかできないという状況だからインドへ行ってしまおうと。僕のことなんか誰も知らないお釈迦様のふるさとで、本当にお釈迦様と同じ道を歩んでみよう。何が何でもインドへ行こうとして、舞台の合間に、どこにどういう聖者がいるとかを調べて探しました。

そうしたら、この人は本物だなという人がいました。その人に何度も会って自分で確認して、明らかに彼は超越した部分があってすごいと思った。それで、「レ・ミゼラブル」を演じ終えた翌日、飛行機でインドへ行き、それから二年間、ジャングルの中で瞑想、座禅を続けました。心がすごく静まって、それまで舞台の上でいい顔をして、舞台の裏では苦しみを抱えたままみたいな、すごく晴れやかじゃなかった自分の心を晴れやかにする方法を身につけることができました。

そして、それを大事に大事にして今日まで来ています。そして、自分が感じた静かな心、幸せだと感じたときの気持ちを形に託そうと思って、一生懸命丁寧に彫って彫っていったら、仏像になりました。最新作がこれです。人間の苦しみとか、悲しみとか、迷いとか、煩悩とか、執着とかという泥沼にいつまでもいないで、蓮の上のかぐわしい、すばらしい

世界までいらっしゃい、こっちですよと、方向を示してくれているのが蓮の台座の上の菩薩です。これが今の私の心です。
　過去を振り返って志の原点って何だろうと考えたら、一番大きな志を持っているのは今だなと思います。散々さまざま経験して、苦しんでもがいて、反省してやり直して、また苦しんでやり直して今日まで来て、その中で、一番いいところまで自分なりに到達できて、志に近づくことができた。大きな志に近づくことができたのは、今だなと思っています。
　お釈迦様の言葉に、過去はもはや存在しない、未来はまだ来ていない、自分という命を自覚することができるのは、今という瞬間だけです。そこが一番大切、そこで苦しんだり、人を恨んだりしちゃだめだ、今、一番いい状態でいなさいと教えてくれた。それが少しできるようになった今日このごろです。

情報とポエジーをめぐる旅

西垣　通
にしがき・とおる
一九四八年生まれ。
情報学者。
東京大学名誉教授。

成長の遅い子が情報学者に

私の専門は「情報学（informatics）」なのですが、これには少し説明が必要です。情報学というと、ほとんどの方は理科系のコンピュータ・サイエンスのことだと思いこみます。でも、ここでいう情報学とは、もっと広い文理融合の学問なのです。確かに私も昔、若い二十代のころにはコンピュータ・サイエンスの研究者でした。大型のＯＳ（オペレーティング・システム）の性能を分析する数学モデルなどを作っていたのです。でも、三十代の後半に方向をかえて、文科系の哲学や倫理学、社会学、文学などを勉強し、情報社会論や情報文化論、メディア論などを専攻するようになりました。その後、四十代の終わりごろからは、大学院で若い人たちと一緒に「基礎情報学（Fundamental Informatics）」という文理融合の新しい情報学の構築にとりかかり、現在にいたっております。*

海外にはこういう分野をまたぐ学者も珍しくはないのですが、日本では異色ですね。日本の学問的分野をへだてる壁はとても厚いからです。それでよく留学生から「西垣先生は日本人じゃないみたいですね。アメリカやヨーロッパの人みたいですよ」なんて言われます。でも、ＡＩ（人工知能）やロボットをいかに社会で活用するかとか、それらが人間の心や社会をどう変えるか、といったテーマを考えるためには、コンピュータ・サイエンスの専門知識だけではとても足りません。文と理にまたがる広い見識がどうしても必要なのです。それで、私はもう大学を定年になってフリーなのですけれど、割合にいそがしい毎日をおくっています。いったいなぜ、そんな異色の経歴をもつようになったのか、まずそのあたりからお話しさせてください。

私は敗戦の傷跡もなまなましい戦後の東京に生まれ、世田谷で育ちました。いわゆる団

*『基礎情報学』『続　基礎情報学』
西垣通、NTT出版、2004、2008年、参照。

塊世代の一人です。私は成長の遅い子供でした。やせて背もひくく、生まれつき体力がないんですね。だからケンカをしても負けるし、スポーツも得意ではありませんでした。今は男女平等なのでそうでもないようですが、当時は、男の子は「男らしく」なけりゃいけない。ケンカが強くてスポーツができないと、馬鹿にされるんです。おまけに勉強もあまり好きではありませんでした。学校の先生の話がつまらなくて、授業中もすぐに気が散って、他のことを考えてしまう。空想の世界のなかで、一人でいろんな役割を演じたりして楽しんでいました。だから成績もあまりよくない。塾に行ったことは一度もありません。学校から帰ると、すぐにブラッと近くの公園に遊びに行きます。友達はそこでソフトボールだのドッジボールだのをしているので、仲間に入れてもらうんですけれど、あまり面白くない。ソフトボールをすれば三振やエラーばかりだし、ドッジボールをしても動きが悪くて強い球をなげられない。だから相手にされない。時間はたっぷりあって自由でしたが、とくに楽しいわけでもないんです。小学生のときはそんな生活でした。

私は二人兄弟で、姉がおりました。姉は体が大きくて成績もよかったので、いつもクラス委員をして目立っていて、先生たちから褒められていました。一方、私はいま言ったように冴えなかったので、「姉さんは立派なんだが、どうも君はねえ……」と、いつも先生から苦笑いしながら小言を言われたものです。でも私は、先生や友達から何を言われても、それほど落ち込みませんでした。なぜでしょうか……。生まれつき鈍感なのか勝気なのかわかりませんが、原因の一つは、親の育て方にあったのかもしれません。

どういうことかというと、私はあまり親から叱られたことがないのです。成績が大してよくなくても、勉強しろと言われたことは一度もありませんでした。幼い私に何ひとつ強制することはなく、自由にさせてくれたのです。いま思うと、陰ではずいぶん心配していたはずなのですが、黙って放任して育ててくれました。周囲の評価が低くても、幼い私のことを信用してくれていたんですね。

私の父親は純粋な文科系です。国文学が専門で、大学で国語を教えながら詩や俳句をつくっていました。母親は大学で薬学を学んだので、どちらかというと理科系ですが、専業主婦でした。私は両親と話すなかでいろんなことを学びました。本を読むのも好きでした。家に少年少女用の文学全集があったので、小さい頃から、けっこう難しい小説を読みふけっていたものです。読書習慣は自然に身につきました。それだけでなく、暇だったので、自分で冒険物語を考えるのも好きでした。登場人物をつくりだし、活躍させて楽しむのです。物語だけじゃなく、ゲームをつくることもありました。市販のゲームでなく、自分なりのゲームを考案して、一人で遊ぶのです。

でも、独りぼっちだったというわけではありません。勉強はしませんでしたが、家族と過ごす時間がたくさんあったのです。母方の祖母が同居していて、祖母から昔の話もよく聴きました。社会のことや歴史のことや科学のことなど、いろんな話題で家族とコミュニケーションをする時間はたくさんありました。そういう習慣は、大学に行くまでずっとつづきました。

ハイティーンになると家族とほとんど話さなくなる人が多いのですが、私についてはそういうことはありません。今の時代は、親も子もたいへん忙しいので、あまりコミュニケーションの時間がとれないのではないでしょうか。イジメで自殺する悲劇があとを絶ちませんが、原因の一つは家族の交流が少ないことではないかという気がしてなりません。

話をもどしましょう。そういうわけで、幼い頃の私は、いわゆる優等生ではありませんでした。与えられた知識を一生懸命に勉強する子供ではなかったのです。そのかわり、自分でものを考える子供だったのです。そういう私を、両親は辛抱づよく、じっと見守っていてくれました。このことが、私が研究者になる下地をつくったのだと思います。

東京少年少女合唱隊で歌う

というわけで、勉強もスポーツも苦手な私は、中途半端で充実感のない小学生時代をおくっていたのですが、あるとき転機がおとずれました。友人が東京少年少女合唱隊に入っていて、その話をきいて自分も歌ってみたくなったのです。

当時、一九五〇年代から六〇年代にかけて、ウィーン少年合唱団*というのがたいへん評判を集めていました。第二次世界大戦でヨーロッパは滅茶苦茶になったのですが、少年たちの澄んだ歌声がその悲しみを癒して、希望を与えてくれたからでしょう。敗戦で傷ついた日本でもとても人気がありました。ウィーン少年合唱団は普通の歌だけでなく、ミサで神をたたえる聖歌、つまり教会音楽がレパートリーです。でもキリスト教の伝統のない日本では、グレゴリオ聖歌のような、本格的な教会音楽を歌う少年合唱のグループはありませんでした。一九五一年、日本で最初にそういうグループをつくったのが、東京少年少女合唱隊の創立者である長谷川新一先生・長谷川夏代先生のご夫妻だったのです。

当時、子供の歌としては可愛らしい声の童謡が代表的でしたが、東京少年少女合唱隊の歌声の響きは全然違います。頭声発声といって、お腹から出すというより頭に響く声が、透明にまっすぐ、どこまでも伸びていくのです。とても清らかで、荘厳な雰囲気があります。これはもともと、変声期をむかえる前の少年たちが、キリスト教の大聖堂で合唱を神にささげるときの歌い方だったのでしょうね。ちなみに、長谷川先生ご夫妻はもう他界されましたが、音楽家になったお嬢さん二人、冴子さんと久恵さんが後をついで、いまはハ

＊ウィーン少年合唱団
1498年に神聖ローマ皇帝マクシミリアン1世が新宮廷の礼拝堂少年聖歌隊として創設。

イレベルの少年少女合唱グループとして国際的に有名です。

西洋音楽にもいろいろあります。大人のオペラなんかだと、ビブラート、つまり声の微妙な揺らぎをつかって、豊かな情感や気持ちを表現することが多いのですけれど、少年合唱の歌い方の特徴はビブラートがほとんどないことです。英語でストレート・ヴォイスと言えば感じがわかるかもしれません。まるで歌声が天の高みにむかって、綾をなす光線みたいに上昇していくような、純粋で崇高な感じがあります。

私はそんな歌声の響きにすっかり魅せられてしまいました。それで両親を説得して、東京少年少女合唱隊に入ったのです。そのときは小学校五年生くらいでした。子供の合唱グループといってもプロでしたから、訓練はとても厳しいものでした。ほとんど毎日、発声練習からはじまって、ラテン語のグレゴリオ聖歌だの、ハレルヤ・コーラスだのといった難しい曲をくりかえし練習したものです。もちろん、楽しい子供の歌もたくさん歌いましたが、基本はあくまで本格的な宗教音楽でした。他の隊員は小学校一〜二年生くらいからずっと歌っている人も多かったので、負けないように一生懸命に練習に通いました。

楽しかったですね。いま考えてみると、生まれてから初めて、自分が本当に打ちこめるものを発見したという感じでした。もちろん、楽なことばかりではありません。辛かったこともあります。合唱技術のトレーニングもきびしかったけれど、隊員のあいだには先輩後輩の序列があって、けっこう鍛えられました。でも先輩は尊敬に値するくらい歌が上手なんですから、いろいろ言われても文句はありませんでした。

ウィークデイの練習だけでなく、週末には大きな舞台で歌い、夏休みには各地に演奏旅行に行きました。テレビやラジオにもたくさん出演しました。ＮＨＫの「みんなの歌」というのが今でもありますね。あの第一号は、六〇年くらい前に私たちがテレビで歌った「おお牧場はみどり」だったのです。とても忙しい、でも充実した日々でした。

なぜあれほど夢中になれたのでしょうか。たぶんそれは、長谷川先生の、音楽にかける真剣な情熱のせいだったのです。本物の少年合唱がいかに素晴らしいものか、それをこの国に実現してみせるという意気込みが、一つ一つの曲のなかに籠っていたので、歌うほうも自然に真剣になれたわけです。その意味で先生はすばらしい教育者でもあって、私も精一杯頑張ったので、先生には随分かわいがって頂きました。私の少年時代は少年合唱と共にあったのです。

ただそれだけではありません。今ふりかえると、少年合唱をつうじて、私は生涯をつらぬく自分の仕事のヒントをえたのです。

端的に言うとそれは、西洋のユダヤ＝キリスト教文明の本質を体で感じとったということでした。本質というのは、宗教音楽のなかに体現されている崇高な秩序体系に他なりません。神が宇宙をつくったのですが、それは神聖な秩序体系であって、万物を統合する整然たる論理的ルールがある、ということです。聖書のヨハネ福音書のなかに「初めにロゴスがあった。ロゴスは神とともにあった。神はロゴスであった」という有名な記述がありますね。ここでいうロゴスというのは、ただの言葉ではなく、「論理（logic）」であり、同時にまた「真理（truth）」であるわけです。こんなことを言うとまるで神父さんのお説教のようですが、私はキリスト教徒でも何でもありません。世の中には論理的ルールにしたがう整然たる秩序があり、それにもとづいて万物が構成されている。だからそのルールを探究し、分析して、ルールをもとに合理的に行動するのが正しい、というのが西洋の伝統的文明であり、西洋人の常識なのだと言いたいのです。

物理学を中心とする近代科学もすべて、大まかに言うと、こういう考え方をふまえて研究されています。別に信心深いわけでもない、Ｔシャツとジーンズを着た今のアメリカ人やヨーロッパ人たちも、すべてを統括する論理的秩序については、われわれ日本人よりずっと強い信念をもっています。コンピュータのことをフランス語で「オルディナトゥール（ordinateur）」と言います。直訳すると「秩序付けるもの」という意味です。コンピュータとはただの計算機械ではなく、宇宙や世界の事物を論理的に秩序付ける道具なのですね。

いま私はＡＩ論（人工知能論）を研究していますが[*]、ＡＩこそ、こういう論理的秩序を与え

＊『ビッグデータと人工知能』
西垣通、中公新書、2016年、参照。

てくれる存在だと考える西洋人はたくさんいるのです。一方、日本では、専門家でもそういう感覚を理解している人はまことに少ない。ＡＩとは技術やビジネスの話だと思い込んでいるのです。そこに根本的な誤解があるのです。

近年、日本でもリベラルアーツが大事だという声を聞きますが、これは一種の教養教育として受け取られていますね。でも中世以来の西洋の伝統的リベラルアーツとは、人間が学ぶべき「自由七科」のこと。内訳は、文法、修辞学、論理学、そして、算術、幾何、天文学、さらに音楽なんです。いったいなぜ音楽が入っているんでしょうか。音楽こそ、宇宙の秩序体系を象徴するものだと考えられていたからです。調和つまりハーモニーのなかに神聖な秩序が体現されているんですね。平均律というものをご存知でしょうか。バッハの「平均律クラヴィーア曲集」が有名ですね。一オクターヴを一二等分する音律によって、多少和音は濁りますが、移調や転調が容易になります。つまり、純正律という普通の音律より、西洋音楽はずっとシステマティックで包括的なのです。

そびえたつゴシック大聖堂とそこに響き渡る讃美歌を思い浮かべてください。あれこそ古典的な西洋文明の象徴だと私は思います。合唱の練習づけの毎日、本格的宗教音楽に浸る毎日をつうじて、少年だった私の体には、そういう感覚がいつしか刻みこまれていったのです。理屈ではなく感覚によるこの体験が、私の大きな財産となりました。

復興のために理科系へ

中学三年生になると声変わりしたので、少年合唱をやめることになりました。友人たちの中にはクラシック音楽のプロの道に進む仲間も多かったのですが、プロをめざすほどの自信はなかったのです。少年合唱ばかりに入れ込んで、小学校中学校をつうじて勉強はあまりやりませんでした。でも高校は受験して、都立西高校に入学しました。当時はいわゆる学校群制度がはじまる前で、西高校は日比谷高校とならんで日本でも代表的な進学校だったのです。校風はとても自由だったけれど、秀才が多くて、毎年百人くらい東大に入学していました。

高校三年生になると、受験科目が違うので理科系か文科系か、どちらかを選択しなくてはいけません。私は父親の影響で文学が好きだったのですが、一方で、得意科目は物理でした。すっきりした法則にしたがってできている世界を美しいと思ったんですね。それに、もともと面倒くさがり屋で、生物とか地理とか歴史とか、細かい知識を暗記するのが苦手でした。だから基本法則さえ覚えていれば問題がとける物理が好きだったのかもしれません。ともかく、私は理科系を選択し、東大の理科一類を受験することにしました。

ただ、理科系をめざした大事な理由はそれだけではなく、当時の世相と関係しています。私の周りの秀才たちは、圧倒的に理科系をめざす者が多かったのです。私が西高校に入学したのは一九六四年、高度成長期のシンボルである東京オリンピックが開催された年でした。この頃に、新幹線だの高速道路だのが首都圏を中心にぞくぞくと建設されたのです。でも、一歩地方に出ると、当時の日本はまだ、非常に貧しかったのです。それで、科学技術を盛んにして国力をつけ、経済的に豊かになろうという気運が日本列島にみなぎっていました。

今でも思い出すのですが、文学を専攻した父は、百パーセント文科系なくせに科学技術のことをとても高く評価していて、息子が理科系に進むことを希望していたのです。これは戦中派である父の体験とも深く関連しています。

父は、戦争中に東京帝国大学文学部の国文科を卒業しました。学徒出陣*のちょっと前の世代ですが、もろに戦争の波をかぶって、卒業するやいなや、幹部候補生あがりの陸軍少尉として従軍したのです。幹部といっても参謀将校になれるわけではありません。また、法学部や経済学部の卒業生ではないので、主計将校にもなれない。前線の指揮官にしかなれないのです。つまり兵士たちの陣頭にたって戦い、立派に死ぬのが任務だ、というわけです。文学部卒なんていうのは戦争には役立たずで、任務といえばそれしか無かったんで

＊学徒出陣

第二次世界大戦終盤の1943年に兵力不足を補うため、高等教育機関に在籍する20歳以上の文科系学生を在学途中で徴兵し出征させた。

すね。だから父の友人たちは、バタバタと虫けらのように死んでいったようです。

ではなぜ父は生き残ったのかというと、もともと父は、そう頑健なタイプではなかったので、猛訓練でぶっ倒れて、陸軍病院に入院していたんですね。その間に部隊はサイパンに行き、玉砕してしまいました。あまりそのことは話したがりませんでしたが、父には自分が死に損なったという気持ちがあったようです。いつだったか、寂しそうな顔をして、「優秀な連中がみんな戦死してしまった」と呟いていたことを覚えています。そんなせいか、戦後、あまり積極的に創作活動をやらなくなってしまいました。父は伊東静雄**という有名な詩人の直弟子です。東大の文学部在学中は、加藤周一さん、中村真一郎さん、福永武彦さんなどと一緒に盛んに詩をつくったりして、張り切っていたようですが、戦後はひっそりと鎮魂歌のような作品だけをつくっていました。

なぜそんな父が科学技術を信頼して、息子の私に理科系に進むよう助言したのでしょうか。まあ、理科系の学部を卒業した友人は技術将校になれたので、理科系なら戦場に行かなくてすむ、という気持ちもあったかもしれません。でもそれだけではないと思います。日本がアメリカに負けたのは科学技術力の差のためだと考えたからではないか、と私は思うのです。

戦争中の日本軍の高級将校たちは、圧倒的に戦力が違うにもかかわらず、非合理的な戦

**伊東静雄（1906-1953年）
いとう・しずお　日本浪曼派の代表的詩人。代表作『わがひとに与ふる哀歌』（1935年）。

いをするよう、部下たちに押し付けました。武器、弾薬、食料などすべての面で絶対的な差があるのに、精神主義だけを唱えて戦場に送りだしました。一方、アメリカ軍はすぐれた科学技術力をもって合理的な戦いを挑んできた。まさに勝つべくして勝利したのです。だから戦後は考えをあらため、平和を築く科学技術を発展させて、合理主義的に、焦土と化した日本を立て直さなくてはならない、それが正しい道だというのが父の考えではなかったかと思います。

こういう考え方は、もちろん父だけのものではありませんでした。私の世代には、父親は文学を専攻したけれども、息子は理学部や工学部に進んだという人は数えきれません。何しろ、若いときに「死ね」と言われた経験があり、実際に周りがたくさん死んでしまったのですから、子供たちの世代に託す思いは痛切なものがあったのでしょうね。

実際、今でも、科学技術が人間社会に幸福をもたらすと信じている日本人は少なくありません。私もそうでした。幼い頃、『村にダムができる』*という絵本を読んだ記憶があります。日照りで作物ができず、多くの人々が飢えと渇きで死んでいくインドの村のお話です。そういうなかで、技術者がダムをつくったので、それからは作物も実り、みんな幸せになったというわけです。私は感動して、くりかえしその本を読みました。

今でもアジアやアフリカの開発途上国では、科学技術を応用してみんなを救おうという

*『村にダムができる』
クレーヤ・ロードン、ジョージ・ロードン 文・絵、岩波書店、1954年。

夢をもっている若者は多いはずです。まあ私が幼い頃は、日本もまだ産業先進国でなく、開発途上国だったのでしょうね。

しかし、言うまでも無く、科学技術がもたらすのは良いことばかりではありません。その頃すでに公害は日本各地でいろいろ起きていたのです。熊本の水俣病とか、富山のイタイイタイ病とかね。いわゆる公害だけではありません。原発事故の恐ろしさについては言うまでもないでしょう。最近では、みんなが心配しているのは地球温暖化ですよね。温室効果ガスのせいで地球環境がすっかり変化して、北極の氷がとけて海面が上昇したり、台風が頻発したりしています。この調子で行くと先々どうなるか、心配ではありませんか。科学技術は有用であっても、ただ進歩させればよいというものではないのです。

でも私が若い頃は、公害問題はまだ、それほど大きなニュースにはなっていませんでした。それより、ともかく科学技術を進歩させ、欧米に追いついて豊かな社会をつくろう、という空気が主流だったのです。それで私も理科系をめざしたのでした。

大学で迷いの日々をおくる

幸い、第一志望の東大理科一類に合格することができたのですが、それからの日々はちょっと予想外なことになりました。まず、痛感したのは、本当の学問というものの深さ、難しさです。

それまで、私はあまり本気で勉強したことがありませんでした。さきほどお話ししたように、小学校と中学校時代は遊んだり、歌をうたったりして過ごしました。きちんと勉強する習慣がまったく無かったので、高校でも授業をよくサボって、図書館に入り浸ったり、校庭を散歩したりしていました。授業をちゃんと聴いていなくても、試験の前に問題集で標準的な問題さえきちんと解いておけば、まあ何とかなるさ、と高をくくっていたのです。

でも、大学での勉強は、そういう付け焼刃ではとても歯が立ちませんでした。だいたい、先生があまり親切に教えてくれません。休講も少なくありません。「分かる奴には分かるだろう、あとは自分で勝手に勉強しろ」といった具合です。それでいて、試験はなかなか難しいものが出る。単位がとれなくて、落第する友達はたくさんいました。だから自分で関連する教科書や参考書を買って、一生懸命に勉強するほかはないのです。そうは言うものの、教科書や参考書も親切な書き方をしてはいないので、途方に暮れることもありました。

そのとき、印象に残ったのはカリフォルニア大学のバークレー校で編集されたテキストでした。高度な内容が、実にわかりやすく、丁寧に書かれていて、感心したものです。これはやはりアメリカ精神ですね。飛びぬけた天分をもつエリートだけでなく、みんなが分かるように知識を共有していく、それが民主的な高等教育だ、という考え方ではないでしょうか。ともかく私の場合、大学では授業をサボらず、一生懸命に勉強しました。「受験生のときは勉強したけど、大学では遊んだ」という人が多いようですが、私の場合は逆でした。成長が遅かったのですが、高校の終わり頃に体も大きくなって、身長は一八〇センチ近く、体重も七〇キロ以上になって、体力がついたことも幸いでした。私は大学で、学問というものの深さと凄さをはじめて知ったのです。

とはいえ、落ち着いて勉強する上で、一つ大きな問題にぶつかったことを申し上げなくてはなりません。それは大学紛争です。反体制を叫ぶ左翼の若者たちが、全共闘運動という学生運動を立ち上げ、それが日本全体で盛り上がったのは、ちょうど私が駒場キャンパスにいたころのことでした。安田講堂事件というのをご存知でしょうか。学生たちが東大本郷キャンパスの安田講堂を占拠し、大騒ぎのあげく、大学当局が機動隊を入れて彼らを排除したという事件です。安田講堂だけでなく、全共闘の運動家たちは教室をロックアウトしたので、授業ができなくなってしまいました。ともかく凄い盛り上がりで、東大は一年間、入学試験中止に追い込まれました。他の大学でも授業ができなくなるところが続出して、マスコミでは連日のように大きく報道されたものです。

私の友人でも、全共闘運動に参加した人はたくさんおりました。でも、私自身はどうしても参加する気持ちにはなれなかったのです。彼らの議論はそれなりに分かったし、マルクス主義の理論も一応きちんと出来ているな、とは思いました。でも、自分の言うことが絶対に正しい、意見の違う人間は暴力をつかってでも排除する、という独善的な態度に反発したのです。セクト同士の争いも陰惨な感じがしました。

いったい、半世紀前のこの紛争は日本の大学に何をもたらしたのでしょうか。教育の仕方が丁寧になったという効果はあったと思います。先生たちが学生用のわかりやすいテキストを作るようになったし、休講もへったはずです。しかし一方、授業正常化という名目で政府が介入して、大学の自治が崩れてしまうきっかけができた。結局、長い目でみると、大学の質がどんどん低下してしまった。この点は残念です。

一般論ですが、当時の学生に比べていまの学生さんは大人しいですね。自分の趣味の世界をもっていて友達付き合いも大切にしますが、広く社会に関心のある学生さんは少ない。一方、私の場合、個人的には学生運動に参加しなかったものの、紛争のおかげで社会にたいする関心が高まったということはありました。マルクスの理論も、もともと社会改革が目的だったわけですよね。つまり、学問のための学問では駄目だ、自分が面白ければいいという考えは間違いだ、ということです。基本的に学問というものは、みんなのためにならければいけない、という気持ちが芽生えました。これは目先の役に立つ実務知識が大事だと言うことではありません。長い目でみて人間社会に貢献するのが本当の学問だ、という考え方です。

大学に入ったころは、漠然と、物理学を専攻しようかと思っていました。でも、物理というのは、天文学のように途方もなく大きい宇宙を対象にしたり、量子力学のように途方もなく小さい素粒子を対象にしたりしますね。スケールが普通の人間社会からは遠いという感じです。もう少し等身大の、実社会に役立つ理論を勉強したくなりました。それで結局、統計などの応用数学や、制御工学、コンピュータ工学などを専攻しようと決心したのです。

マルクス主義は熱いイデオロギーによって社会を改革しようとしたわけですが、もう少し冷静に、数理的なアプローチで社会を良くするという方法もありえます。当時の学生紛争はあまりに感情にうったえる情念的な感じがしました。そこで、若かった私は逆に、理性的な数学によるアプローチが有効ではないかと考えたのです。

とはいえ、少し勉強してみると、そううまくいくわけではないとすぐわかりました。数学的なモデルは物質科学などのローカルな問題には有効なのですが、広く社会の問題となると複雑すぎて分析できないことが大半なのです。理科系だけでなく、文科系の理論をきちんと勉強しないと駄目だ、ということがわかりました。

　そこで、文理融合の分野の大学院に行って研究をつづけようと思ったのですが、当時の東大には、私の希望にぴったり合うような大学院はありませんでした。そこで、いっそ実社会に飛び込んで、具体的なテーマを見つけて活動をしてみようか、という気持ちになったのです。

ソフトウェアの研究者になる

　そこで日立製作所に入社して研究所員になりました。というのは当時の日立では、都市問題や医療、交通問題など、さまざまな社会的テーマに取り組む文理融合の研究をしていたからです。一九七〇年代の初め頃、コンピュータはまだ非常に高価でした。いま皆さんがお持ちのスマホよりもっと性能の低いマシンが何億円以上もしたのです。それで大企業や自治体などが、コンピュータ・メーカーである日立と一緒に共同で、高価なコンピュータの具体的活用につながる研究開発プロジェクトをおこなっていました。

　ところが、実際に研究所に入ってみると、私は応用プロジェクトではなく、別のチームに配属されてしまったのです。そこではコンピュータ・メーカーにとってもっと基礎的なソフトウェア技術である、オペレーティング・システムやデータベースの研究開発をしていました。私が卒業した学科は完全に理科系の工学部で、経済学部や法学部ではなかったので研究所の幹部がそのほうがいいと決断したのでしょう。

私は文理融合の研究をできると信じていたので、ちょっと落胆しました。けれども、いったんソフトウェア研究を始めてみると、それなりに面白いと思うようになったのです。例えば都市問題などの応用プロジェクトは、やはり自治体の役所が主役です。メーカーの人間はあくまでその技術的サポートをするにすぎません。しかし、ソフトウェア開発では、基本的にはメーカーの人間が主導権をにぎるので、研究のやり甲斐があるのです。

当時のコンピュータは「メインフレーム型」といって、事務計算から数値計算まで何の目的にでも使用できる、いわゆる汎用の大型マシンでした。オペレーティング・システムはその基幹ソフトですが、日立の技術レベルはとても高かったと思います。ただ、その頃はアメリカのＩＢＭ社が圧倒的なシェアを持っていて、競争はなかなか大変でした。ＩＢＭの製品と同じ機能をもっていて、性能や信頼性はもっと高いオペレーティング・システムをどう設計するかが研究課題でした。そのために数学的なモデルをつくって検討したのです。こうして私は、理論だけでなく、それを現場のソフトウェア・システムに適用するコンピュータ研究者としてスタートを切りました。

幸運だったのは、日立が若い研究者に、学術的な研究をしてその成果を発表するように奨励していたことです。そして、そのために社外の研究者とも交流し、とくに大学の先生から指導をうけるように勧めていました。これはやはり日立の懐の深さですね。短期的な利益追求だけでなく、長期的に技術的レベルを上げないと世界で通用しない、という考えが、研究所長をはじめ、会社の幹部にあったのだと思います。

それで私は、日立の研究所で研究開発をしながら、東京大学の大須賀節雄先生から指導を受けることになったのです。大須賀先生はすばらしい方でした。とても優秀なだけでなく、懇切丁寧に指導してくださいました。理論と実践をむすびつける工学の研究のやり方や論文の書き方を、私は大須賀先生の研究室で学ぶことができたのです。

こうして二十代の私は日夜、大規模なオペレーティング・システムの研究開発にとりくんでいたのですが、そこで気づいたことがありました。大規模なソフトウェアには、小さい頃に歌った西洋の合唱曲とふしぎな共通点があるということです。ソースプログラムと合唱の譜面を比べるとわかるのですが、両方とも緻密に計算され、論理的にきちんと構成されています。そして、起動をかけられてプログラムが動きだし、データを処理していく様子は、まるで、譜面をふまえて調和のある合唱の歌声が響き渡るような感じがするのです。上手に設計されたプログラムには美しい調和があります。逆にプログラムの中にバグ

＊スタンフォード大学（Stanford University）

カリフォルニア州スタンフォードに本部を置く私立大学。地理上も、歴史的にもシリコンバレーの中心に位置している。

つまりミスが紛れ込むと、まるで合唱曲のなかに不協和音がまじったような、どこかアンバランスな具合になるのです。

という次第で、私は一生懸命にソフトウェアの研究開発にとりくみました。新しい方式を考案し、それを論文にして学会発表するとともに、日立のオペレーティング・システムの中に実際に組み込みました。このころ、私は純粋なコンピュータ屋だったと思います。

日立には留学制度があり、社内の試験に合格すると欧米の大学に留学させてもらえます。私はそれに挑戦して、合格することができました。すでに幾つか論文を発表していたので、カリフォルニアにあるコンピュータ・サイエンスの名門、スタンフォード大学*が客員研究員として受け入れてくれました。

スタンフォード大学は本当にきれいなキャンパスでしたね。ちょうど一九八〇年代はじめの頃です。気候もいいし、みんな親切だし、学問的にも高度で、自由な気風があふれた大学でした。家内や二歳の長男とともにパロアルトに住んでいたのですが、あのときの想い出は生涯忘れられません。

私はそこでAI（人工知能）というものに出会いました。当時、AIブームが起こりつつあって、スタンフォード大学はそのメッカだったのです。コンピュータ・サイエンス学部長だったのはエドワード・ファイゲンバウム**教授、エキスパート・システムの提唱者と

**エドワード・ファイゲンバウム（1936年生まれ）

Edward Albert Feigenbaum　1994年、ラジ・レディと共に「先駆的な大規模人工知能システムの設計と開発および、人工知能技術の実用性と潜在的価値を広く知らしめたことに対して」チューリング賞を受賞。

して世界的に名高い方でした。エキスパート・システムというのは、医者とか弁護士とかの専門家、つまりエキスパートの代わりをしてくれるＡＩのことです。専門知識をたくさんメモリのなかに貯めこんでおいて、コンピュータは知識命題を検索して、診断したり、法的な助言をしたりするというわけです。私も研究会に参加したり、教室の後ろのほうで授業を聴いたりしていました。ファイゲンバウム先生は大人気でしたね。一時は、エキスパート・システムのおかげで近いうちに医者も弁護士もいらなくなる、という噂さえあったほどです。

私が論文指導をうけていた大須賀先生は、オペレーティング・システムだけでなく、日本におけるＡＩの先端研究者でもありました。それもあって、私はスタンフォード留学中にＡＩに興味をもったのです。けれども、そこで大きな疑問が芽生えたことも事実です。ＡＩというのは簡単にいえば思考機械のことです。でも、いったいコンピュータのような機械が人間のように考えることはできるのでしょうか。エキスパート・システムは本当に人間の代わりをつとめることができるのか、という疑問です。

確かにコンピュータはものすごい速さで専門知識のデータを検索することができるし、論理的な推論操作も正確無比です。でも、たとえば医者が診断したり、弁護士が法的アドバイスをしたりするときは、単にそういう機械的、形式的な処理をしているだけではないでしょう。あいまいなところに直観をはたらかせて、臨機応変な判断をしているはずです。人間の思考のそういう部分を実現できないエキスパート・システムは、現場では役に立たないことも多いだろうと思いました。実際、あの後、医者や弁護士が失業したという話はまったくありませんね。このとき感じた疑問が、その後、私のとりくむ研究活動と深くかかわることになりました。

大学教員として文科系の研究を始める

スタンフォードから帰国した私は、しばらくして工場に派遣され、現場の大規模なソフトウェア開発にたずさわることになりました。これは研究所長の親心だったんでしょうね。日立のようなメーカーでは工場が生産の中心拠点なので、研究所にばかり籠っていては取締役にはなれません。工場にいって開発作業をやり、工場の幹部と人脈をつくることが、出世の必要条件なのです。

それで工場に行ったのですが、これはたいへんな重労働でした。ＩＢＭとの競争はきびしくなる一方です。朝八時くらいから夜一二時くらいまで、毎日はたらくのです。問題が起きれば休日でも出勤になります。日立の社員だけでなく、下請けの会社の若い人たちの面倒も見なくてはならない。私はアルコールが苦手で、彼らをつれて飲みにいったりすることが下手なので、ストレスが大きくて、いろいろ神経をつかいました。さらに単身赴任で寮に住んでいたので、食事もちゃんととらず、睡眠も十分でなかったと思います。

ついにだんだん体調が悪くなり、椎間板ヘルニアによる坐骨神経痛で、普通に歩けなくなってしまいました。それでも我慢してはたらいていたのですが、心配した家族のすすめで病院にいったところ、こんな体ではたらくのはとても無理だと言われてしまいました。結局、その日に入院、手術ということになってしまったのです。

けっこう本格的な手術でした。一カ月以上も入院し、とくに手術の後は一週間、ベッドから起き上がることもできなかったのです。お陰様で幸い手術は成功し、歩けるようになったのですが、病院で寝ながらいろいろ先のことを考えました。あまり無理がきかない体になってしまった以上は、日立というハードな職場の第一線ではたらき続けるのは難しいかな、と思うようになったのです。

スタンフォードから帰国した直後、博士論文をしあげて東京大学から工学博士の学位をいただきました。ですから、大学の教員になる資格はみたしていたのです。そこで決心して、日立から明治大学にうつり、文科系の教養課程の学生さんにプログラミングの初歩を教えながら生きていくことにしました。転職したのは一九八六年、私が三七歳のときです。

ちょうどその頃、パソコンが少しずつ日本にも普及し始めていて、教える人材が必要とされていたんですね。

明治大学の教員生活はのんびりしたものでした。でも、専門としていたオペレーティング・システムの研究などは、設備がないので続けられません。何をしようかと思案したあげく、若い頃の文理融合の夢を想い出しました。

一言で文理融合といってもいろいろな形がありますが、情報社会論とか情報文化論をやってみようと思いついたのです。とりわけ、ＡＩというのは、文科系と理科系の両方の知識がないと本質がわからない分野ですよね。工学部をでて一五年近く経験をつんだので、理科系のコンピュータ・サイエンスについてはある程度の知識は身についていたのですが、問題は文科系の知識でした。これは並大抵の努力では身につかないことはわかっていました。でも、だからこそ挑戦し甲斐のある分野ではないかと思えたのです。そこで、まずは文科系の勉強を基礎から始めようと決心しました。

それで哲学、社会学、言語学、文学などの勉強を少しずつ開始したのです。はじめはチンプンカンプンでしたが、やがて霧がはれるように見通しがよくなってきました。幸運だったのは、明治大学の教員に、哲学者の中村雄二郎先生だの、文学の大岡信先生だの、経済人類学の栗本慎一郎先生だのといった有名な先生がおられて、そういう人たちの話を直接く機会があったことです。

これは文科系理科系をとわず、どの分野でもそうですが、本格的にある分野の知識をえようと思ったら、ただ本や論文を読むだけでは駄目ですね。その分野の権威と親しくなって、日常的に接することが大切なんです。本や論文に書いてあることはいわば上澄みですが、その基盤にある発想や考え方、さらには感じ方といったところを直観的に理解しないと、著者のほんとうの意図はわからない。日立の研究所にいたとき、そのことを実感しました。そういう意味で、日立という理科系の職場から明治大学という文科系の職場にうつったことは、文理融合の研究のためにはよかったと思います。

さて、文科系の中で、いったいどんな分野を中心に学んだのでしょうか。一九八〇年代から九〇年代にかけて、日本ではマルクス主義が退潮して、いわゆるポストモダン・ブームが起きていました。哲学的には構造主義やポスト構造主義が脚光をあびていたのです。その中心地はフランスです。簡単に言えば、いわゆる白人中心の文化を見直し、有色人の多様な文化をみとめようという、レヴィ＝ストロースなどの相対主義的な価値観の誕生ですね。私はすっかりこれに惹きつけられました。私の第二外国語はドイツ語だったのですが、一念発起してフランス語の勉強をはじめたのです。そして、九〇年代の半ばに、大学のサバティカル制度を利用して、パリの東のシャンパーニュ地方にあるランス大学に行くことにしました。本場でフランス現代思想を本格的に学ぼうと考えたのです。ランスというのは、日本で言えば鎌倉のような古い街で、フランス王が戴冠式をあげる由緒あるゴシックの大聖堂で有名なところです。そこで一年間すごしました。

もちろん、フランスの哲学思想は深遠ですし、ちゃんと分かったなどと言う自信はありません。でも、ああいう思想をうむ文化的背景を体で感じとることはできました。いろいろな学者との交流をつうじて、生《なま》のヨーロッパ精神というものにふれることができました。これは貴重な体験でしたね。

一つ想い出があります。壮麗なゴシックの大聖堂を眺めながらコーヒーを飲んでいると、突然どこからか、ペルゴレージ作曲のおごそかな「スタバート・マーテル（stabat mater）」の響きが流れてきました。これは一三世紀にできたカトリックの有名な詩に、一八世紀のペルゴレージが曲をつけた聖歌で「悲しみの聖母」と訳されています。この曲は東京少年少女合唱隊の最大のレパートリーの一つで、私も数えきれないくらい、くりかえし歌ったものでした。レコードも吹き込みました。いまでも口をついて、ラテン語の歌詞が出てきます。「スタバート・マーテル、ドロローサ、ユクスタ・クルチェム、ラークリモーサ……」。「悲しみの聖母は立てり、十字架のかたわらで、涙にくれて……」という意味ですね。

キリスト教の教えではイエスは神様と一体ということになっていますが、いわゆる三位一体説が確立したのは、イエスが処刑された三〇〇年も後のことです。お母さんのマリアにとっては、愛する息子が目の前で虐殺されたというだけだったでしょう。胸を引き裂かれるような悲しみ、心の痛みが、旋律の中にあふれている名曲です。

そのとき、私は電気ショックを受けたように悟ったのでした。キリスト教の本質は、ソフトウェアのような整合的な論理秩序、つまりロゴスだけではないのだ、と。そこにあるのは、生きる苦しみを受けとめる深い悲哀、つまりパトスなんだ、と。だからこそ、単にユダヤ人という一つの民族だけでなく、世界中の苦しむ人たちの心をつかむことができたんだな、ということです。

私はキリスト教徒ではないし、イエスは神様でなく人間だと思っています。人間だからこそ、イエスは精神的にも肉体的にもおそろしく苦しんで、しかもそれを乗り超えた。聖書を読むと本当に偉大な方ですね。人間にたいする愛情が、整然たる論理秩序と表裏一体になって、西洋文明の骨格をつくっている。片方だけでは駄目だということです。

母校で新しい大学院のスタッフになる

さて、私は小さい頃から、作文は割合に好きでした。父親の影響だったのかもしれません。そこで自然に、情報社会や情報文化についてエッセーだの、啓蒙的な文章だのを書くようになりました。一九八〇年代から九〇年代にかけ、パソコンやインターネットも少しずつも広まってきていました。昔はコンピュータが高価だったので、ユーザは官庁とか大企業だけだったのですが、普通の人たちがユーザになってきたのです。つまり、日本にもいわゆるデジタル社会が到来したというわけです。

そんな時代状況もあって、私の文章はあちこちから注目され、マスコミからも注文が来るようになりました。ＡＩやマルチメディアについて書いた本も売れ始めました。コンピュータ・エンジニアとしての専門的な体験と、現代思想や文学の知識を併せた内容だったので、たぶん珍しかったのでしょう。

東大の社会科学研究所から教授として招かれたのは、一九九〇年代半ば、フランスから帰国して半年ほど後のことでした。明治大学はよい職場だったので思案しましたが、研究所のほうがデジタル社会の研究はしやすそうです。また、なつかしい母校でもあるので、お招きに応じることに決意しました。そこで、若い頃に勉強した自然科学、明治大で勉強した人文科学にくわえて、社会科学の方法論にもふれることができました。繰り返しになりますが、学問というのは一人でやっていても駄目で、プロの研究グループに入って生活することで、少しずつわかってくるのですね。

数年して、東大の中で動きがあり、当時の蓮實重彦総長が音頭をとって、新たな大学院が発足することになりました。インターネットにもとづくデジタル社会を総合的に研究教育する、というのがその目的です。あちらこちらの学部から、情報に関わる研究教育をしている教員が集められることになりました。名前は「大学院情報学環・学際情報学府」と言います。私も、社会科学研究所から新しい大学院に移籍することになりました。ちょうど西暦二〇〇〇年、二一世紀の幕が開いたときのことです。

大学院情報学環は、まさに文科系と理科系にまたがる、東大では珍しい大学院であり、研究機関でした。教員スタッフはおもに、コンピュータ・サイエンスが専門の情報工学者、ジャーナリズムや情報法や情報経済などを研究する社会情報学者が中心でしたが、この他に、哲学者、心理学者、国際政治学者、歴史学者、芸術家、災害防止研究者など、実にさまざまな応用分野の専門家が集まったのです。

多士済々のスタッフが集まり、面白い大学院ができたので、学際的な研究教育ができることになりました。発足して二〇年たちましたが、今でも興味深い応用研究がなされていると思います。とはいえ、悩みも生じました。教員スタッフは一騎当千のツワモノぞろいでも、その専門は情報に関するある狭い分野に限られています。大学院情報学環の目的は、単に狭い分野の研究教育をするのではなく、異なる専門分野の研究者が交流しあって、デジタル社会の新しい学問分野を開拓しようということでした。

しかし、文科系と理科系にまたがる新たな情報の分野をつくるという知的作業は、口でいうほど簡単ではありません。例えば、理科系の情報工学と、文科系のメディア論とでは、まったく学問の基礎概念が異なります。両者が協力して短期的なプロジェクトを行うことはできても、両者にまたがる新たな分野を拓く、などということが現実にできるでしょうか。下手をすると、文理融合の大学院というのは旗印だけで、実際には情報工学の研究室の隣りに社会学の研究室があるだけ、ということになりかねない。教育される院生も、情報工学か社会学かどちらかの専門家になるだけ、といったことになりかねません。これでは、せっかく新しい学際的な大学院をつくった意味がないことになります。

そこで私は、蛮勇をふるうことにしました。もっとも根本的なところから、情報という概念をとらえ直すこと、文と理にまたがる新しい基礎的な情報の知のベースをつくることに挑戦しようと考えたのです。明治大学では教養課程の教員だったので研究は個人プレーだったのですが、東大の研究室には優秀な院生さんたちが来てくれました。だから、みんなで力をあわせて研究することができます。こうして、私の研究室は、「基礎情報学(Fundamental Informatics)の構築」という看板をかかげることになりました。

文理融合の基礎情報学をめざす

二〇一三年三月に東大の教員を定年退職し、その後、東京経済大学の教員になって二〇一九年三月まで勤めましたが、基礎情報学の研究はいまも相変わらずつづけています。研究室を卒業した院生さんたちも、もうあちこちの大学の准教授や専任講師になりました。彼らと研究会を定期的にひらいて、基礎情報学を構築しているのです。ここで少しだけ、基礎情報学と、いま国内外でブームになっているＡＩとの関係について述べさせてください。

いまのコンピュータ・サイエンスつまり情報工学は、基本的に欧米の人たちがつくって来ました。西洋文明のたまものです。ソフトウェアとは論理的秩序の体系だと言いましたが、まさにその通りで、西洋文明の申し子のような存在です。大量の客観的なデータを正確なルール、つまりプログラムにもとづいて高速処理するのですから、便利なことは言うまでもない。しかし、そこに欠けているのは、何でしょうか。さきほどランスの大聖堂のそばで、私が偶然、ペルゴレージ作曲の「スタバート・マーテル」を聴いて感動した話をしました。感動した理由は、あの合唱曲のなかに、論理的な秩序だけでなく、人間の愛と悲しみがこもっていたからです。そこが西洋文明のすばらしいところです。でもコンピュータ・システムにはそういう感情はありませんね。つまり、いまのコンピュータ・サイエンスは西洋文明の一面だけを強調したものだと私は思います。*

数値計算とか事務計算とか、普通のアプリケーションなら問題はないでしょう。でも、AIとなると話は別です。AIはあたかも生きているように見えることがあります。皆さんは、ネットを介してAIと会話したことがありませんか。可愛らしいロボットと遊んで、一種の愛情を感じた経験をお持ちの方も多いでしょう。でも果たして、AIロボットは本当の愛情をもっているでしょうか。ただ表面的にそういう振りをしているだけの人形ではないでしょうか。

AIは人間がつくるものです。専門技術をもつ人や高い地位をもつ人によって、AIの中身はいくらでも自在に書き換えられます。そういうAIをすっかり信用して、社会的判断を任せてよいのでしょうか。AIが万能だと信じこむと、われわれ人間がデータを処理する機械部品のような存在におとしめられる危険がある。** そう私には思えてなりません。

だからこそ、これまでの情報工学を拡張して、もっと人間を大切にする情報の学問をつくらなくてはならない。AI社会を安心できるものにしなくてはいけない。それで私たちは、基礎情報学を構築しているのです。

*『AI原論』
西垣通、講談社選書メチエ、2018年、参照。

**『ホモ・デウス（上下）』
Y. N. ハラリ，柴田裕之訳、河出書房新社、2018年、参照。

基礎情報学はチリの生物学者であるマトゥラーナとヴァレラが一九七〇～八〇年代に提唱した「オートポイエーシス理論」にもとづいています。* オートとは「自分」、ポイエーシスとは「創る」ことです。この理論によれば、生き物はみんな、自分で自分をつくっている。そこが、自分以外の存在である人間によってつくられるAIロボットとは違うのです。細胞はそれぞれ、細胞自身がつくりだすものですよね。それと同じで、われわれの心も、われわれが自分自身でつくっているのです。すべての人間がそれぞれ、自分自身の主観的な心の世界に住んでいる。違いますか。皆さんの主観世界は掛け替えなく大切なものであって、客観的なデータの集合体とは異なります。いったい「客観世界」とは誰が設計したものなのでしょうか。それは実は、人間が共同生活をするために、一人一人の主観世界を相互に組み合わせてつくりあげた、一種のフィクションだとさえ言えるかもしれません。

ＡＩは客観世界のデータを処理する技術です。上手に活用すればとても便利な技術ですが、信用しすぎてＡＩに判断を丸投げしてしまうと、一人一人の人間の価値を損ない、根源的な自由を抑圧する恐れがある。本当です。言うまでもありませんが、ソフトウェアのような論理的秩序の体系自体は賞賛すべきものです。でもそこに、人間愛という要素、苦しんでいる人たちに寄り添うという感情がなければ、名曲のように人間を幸福にすることはできないのではないでしょうか。

＊『オートポイエーシス』
H.R. マトゥラーナ＋F.J. ヴァレラ、河本英夫訳、国文社、1991 年、参照。

振り返ってみると、私は幼い頃から、日本人としては人一倍、論理的秩序にあこがれるタイプでした。ソフトウェアにせよ、合唱曲にせよ、美しいものが好きなのです。理科系と文科系、あちこちの学問分野に首をつっこんで、迷いながらの旅だったのかもしれません。でも、別の見方をすると、曲がりくねってはいても、一本の道を歩きつづけて来たようにも思います。

ＡＩをふくめ、ＩＴ（情報技術）は今後ますます人間と深く関わって来るでしょう。そこで人間が機械的なデータのように扱われたりしないよう、一人一人の人間、一つ一つの命の尊厳が守られるようにしなくてはならない。これからも若い人たちとともに、基礎情報学の研究活動をつづけていくつもりです。

アスリートの奥義を社会と結ぶ

為末　大
ためすえ・だい
一九七八年生まれ。
元陸上競技選手。
為末大学学長。

競技を引退して考えていること

二五年間取り組んできた陸上選手を二〇一二年に引退し、八年が過ぎました。引退後、どんな道で生きて行くのか、色々考えましたね。アスリートのセカンドキャリアというと一般的には競技団体の組織に所属しトップを目指すか、あるいは自分の経験を生かしコーチになるかですが、僕は陸上から離れた外側の人間、つまり〝アウトサイダー〟になろうと思ったんです。

引退数年前ぐらいからビジネス関連、あるいは他の分野の方と会うことが増え、彼らと接するうちに、陸上界やスポーツ界をもっと盛り上げるには、外側の視点から陸上競技界やスポーツ界全体を俯瞰し、新しい知恵や視点、アイディアを持ち込むことが必要と考えました。その端的な成功例はラグビー。ラグビー選手は様々な分野で活躍している人が多いので、二〇一九年のW杯も多くの企業を巻き込み、関係者の叡智を集め大成功させました。

ただ私は、スポーツ界にビジネスチャンスを見出すというよりはむしろ、スポーツの持つ力、あるいはスポーツを通して人間の潜在能力を引き出す、もしくは限界と感じていた心の枠を取り払うとか、そういうスポーツの持つソフト面に興味を持ちました。ビジネスに成功するより、そっちの方が面白そうだし、インパクトが大きいんじゃないかって。

そんな観点から今、様々な活動をしています。新豊洲Brilliaランニングスタジアム*の館長、ブータン、ネパールなどアジアのアスリートの支援・育成を行う一般社団法人アスリートソサエティの代表理事も務めています。

またスポーツ関連のベンチャー企業が集うシェアオフィス「Deportare Complex」も運営しています。スポーツが媒介となって、それぞれ違う分野の人が技術、情報、アイディア

＊新豊洲Brilliaランニングスタジアム

東京都江東区に所在。2016年にオープンした全天候型のランニング施設。

を持ち寄り、それによって新たな価値が創造され、社会を発展させていく、という仕組み作りを目指しています。言うなら「スポーツベンチャーのときわ荘」ですかね。まだ、手塚治虫さんや赤塚不二夫さん、藤子不二雄さんのような傑出した人材は育っていませんが、それでも将来有望な若手起業家が何人か羽ばたいています。

地方の廃校や利用頻度の少ない大型施設を有効利用する組織「R.Project」へ役員として参画しています。その他、スポーツ義足を開発製造している会社「Xiborg（サイボーグ）」にも関わっています。これは、パラリンピック選手の活躍を支援し、彼らが注目されることによって健常者と障害者の垣根を取り払う「フラットな社会」を作ることを目指しています。

こうやって自分が関わっている事業を改めて振り返ってみると、すべてに共通して根底にあるのは「人を育てる」ことです。

正直に言うなら、ビジネス的にはそれほど儲かっていません。講演やイベント、あるいは単行本などの文筆活動で得た個人資産をそれらの事業に注ぎ込まざるを得ない時もあります。でも、スポーツ界にこれまでなかった仕組みが生まれ、若い人が実力をつけ育って行く姿を目の当たりにするのは、人としてなんて幸せなことかと思います。

そもそも私が目指すのは「人間を理解し、人間の可能性を拓く」ことなので、そこからは外れないようにしています。人間の可能性が拓かれる場所に常に身を置いておきたいというのが、私の根底にある願望ですから。

ただ、新型コロナ禍を経験し、限られた時間や場所、環境の中で何に最も注力すべきなのかも見えてきました。一番は自分の考えを発信するブログや書籍を発刊することですが、それと共にアジアのスポーツネットワークを強化し、それぞれの国の選手のスキルを向上させたい。

実はアジアってもっとも多種多様な地域でもあるんです。国家の成り立ちも違えば、宗教もイスラム教、ヒンズー教、仏教などが混在。今はブータンやラオス、カンボジアなど六か国の代表クラスの選手（一五歳から二二歳）に、実際に現地に出向いたり、日本で合宿をしてもらいスポーツのスキルや心の鍛え方などを指導していますが、中国やインドも含め地域をもっと広げたいと考えています。競技力の向上という一つの目的の元に、国と国が混ざってごちゃごちゃに溶け合う仕組みを確立したいんです。

没頭時代が修業時代

前置きが長くなりましたが、本題です。「修業」というテーマを頂いた時、「修業とは何か」と考えてみました。イメージ的には一流料理人や宮大工など名工と言われる人が、コツコツ技術の反復を重ね、成功するまでの過程と定義づけられそうです。事実、私は引退後に科学者、芸術家　技術者、宗教家、経営者など各分野で成功し一家言を持つ人々にお会いしましたが、彼らに共通しているのは、人生のどこかでそれ一色に染まった没頭時代があることなんです。意図的にそれをやり続けた人もいれば、気が付いたらそればかりやっていたという人もいた。努力してそれをやったというより、夢中になって取り組んでいたら結果的に道が開けたと。

そういう達人たちの例を考えながら、私の「修業時代」を振り返ってみると、二つありました。一つは陸上一〇〇mで天下を取りたかったのに、才能の限界を悟り四〇〇mハードルに鞍替えせざるを得なかった高校時代。そして、引退直前の四年間を過ごし今の活動に繋がった米国サンディエゴ時代。高校時代の修業は、後に五輪三大会出場、そして世界選手権での二度の銅メダルに導いてくれました。そしてサンディエゴ時代は自分と徹底的に向き合い、「思考の壁打ち」をへとへとになるまで毎日繰り返したところ、今まで見えなかった別の自分の姿が露わになり、引退後の今の道を拓く契機になりました。

最初の修業時代

私が陸上を始めたのは八歳。姉の影響で地元の陸上クラブに入りました。陸上の魅力に嵌ったのが小学校の運動会。かけっこするとダントツに速くて、父兄の人たちが口をぽかんと開けて見ていた。みんながびっくりする姿に、私の方がワクワクしてしまったんです。こりゃあ、楽しいぞ、って。

中学三年の全日本選手権では一〇〇mと二〇〇mで二冠を達成。いわゆる中学チャンピオンです。小学校の頃にソウル五輪で見たベン・ジョンソン*やカール・ルイス**に刺激を受け、いつか自分も陸上一〇〇mで五輪に出場したいと本気で考えるようになりました。自己記録と世界記録を折れ線グラフに書いて比べ、何歳ぐらいで届くかな、なんて。中三で記録した一〇〇mの一〇秒六は、当時のインカレの五番。だから五輪出場も夢物語じゃないと信じていたんです。

一方、今振り返ればこの頃が一番天狗になっていた時代ですね。中学チャンピオンになったのは、僕が誰よりも努力しているからで、成功できなかった人は努力が足りないからだ、と信じ切っていました。後に、努力だけではどうにもならないことがあると知ること

*ベン・ジョンソン（1961年生まれ）

Benjamin Sinclair "Ben" Johnson　ジャマイカ出身でカナダ国籍の陸上競技選手。1988年ソウルオリンピックの100m決勝で9秒79の世界新記録を樹立して優勝。しかし、ドーピング陽性反応で世界記録と金メダルを剥奪された。

になるんですけど……。

ただ、父や母は試合を見に来てくれるんですが、家に帰れば褒めることもなく、淡々としていた。特に母は、息子が足が速いからって特別扱いをされることを嫌っていました。ある時、地域の野球クラブが、大事な試合に私を助っ人として出場させたいとお願いしてきた。私はやる気満々だったのに母が絶対にダメだって。なぜなら、それまで一生懸命野球に取り組んできた選手を、足が速いというだけで押しのけてはならないと。勝敗以前にその競技に取り組んできた過程や情熱が大事と言って許してくれませんでした。

「あんた、これから野球を真剣にやるの？」と母に問われ、「その気はない」と言ったら、「だったら断りなさい」と。当時は、足の速さで絶対に勝利に貢献できるのにと納得できなかったけど、そんな父や母の姿勢が、今の私の心の原風景になっていますね。

両親は、私や姉のやりたいことは自由に後押ししてくれました。あまり叱られることはなかったけど、唯一うるさかったのが、他人を馬鹿にしたり、人に上下を付けるような発言をしたときはこっぴどくやられましたね。例えば、僕が優勝した試合で負けた人を見下した言動を取った時などは厳しく注意されました。多分、野球の助っ人を許してもらえなかったのも、そんな文脈だったと思うんです。

高校進学時は、数校から勧誘がありましたが、スポーツが盛んな広島皆実高校を選びま

**カール・ルイス（1961 年生まれ）

Frederick Carlton "Carl" Lewis　アメリカ合衆国の陸上競技選手。1979 年から 1996 年のオリンピックまでに、10 のオリンピックメダル（うち 9 つが金メダル）と 10 の世界選手権メダル（うち 8 つが金メダル）を獲得した。

した。「陸上部の監督は素晴らしい人」という姉の勧めもあったんです。スポーツが盛んな高校は当時、監督が絶対的な指導力を発揮していましたが、広島皆実陸上部は伸び伸びした環境でしたね。高校一年生の国体少年Bで、一〇〇m、二〇〇mで再び優勝。ただ思うように走れたのはこの時まで。一年生の途中から、しょっちゅう両足の肉離れに悩まされることになったんです。特に二年生の時は、ほとんど試合に出られず、一人でリハビリに専念せざるを得ませんでした。

中学チャンピオンとして期待され入学したのに、試合にも出られない。体育科の生徒にとって試合で結果を残さなければ、大学進学もままならない。普通科の生徒がどんどん成績を落とすのと同じです。その間に一年後輩の選手がかなり成績を伸ばしてきていることにも焦っていました。自分はこのまま、ダメになって行くんだろうか……。

一年生の半ばから二年生の終わりまでの一年半は、今考えると人生で一番つらい時期だったかもしれません。大人になれば視野も広がり苦境での心の整え方がわかるようになるけど、あの時は思春期の真っただ中。陸上短距離で成績を上げられないということは、自分の存在価値を失ったも同然、と思うくらい思い詰めていました。

高校がある広島駅から自宅の五日市駅まで電車で片道一時間。行きも帰りも、音楽も聞かず本も読まず、ずっと考え続けていました。なぜ、怪我してしまったのか、早く回復させる方法はないのか、なぜ自分は足の速い後輩に嫉妬しているのか、監督が発した言葉の意味、本当の真意は何か、そしてなぜ自分は監督の心の内を知ろうとしているのか…など、今起きている現象の幹から枝葉の部分まで、なぜなぜなぜを繰り返していました。怪我という身体的な辛さより、自分との葛藤が苦しかった。なぜ、これほど自己対峙を繰り返したかというと、まだ限界に触った気がしなかったからなんです。だから考え続ければ、何か鉱脈が見つかる気がしたんでしょう。

でも、この一年半で自分の思考が深く磨かれたし、考えることの辛さから逃げないという、精神的タフさも身に付けたような気がします。

この経験を経たせいか、私は今でも思考に対してしつこいですね。何かの現象をちょっと覗いたぐらいでは満足しない。その本質が見えるまで、しつこくねちねち自問自答します。

三年生になってようやくまともに走れるようになりました。しかし一〇〇mの記録は思うように伸びません。そして迎えた県大会の決勝二〇〇m。頭角を現していた一学年下の後輩に抜かれてしまいました。それまでは怪我という言い訳があったけど、その時は万全な状態だった。それでも負けた。

高校二年生のシーズンの終わり際にこんなことがありました。リレーは最も速い選手がアンカーになり、ゴールの順位が分かるようにアンカーが太もも横にゼッケンをつけるのですが、陸上を始めてからリレーのゼッケンは常に私がつけていました。ゼッケンをつけることが当たり前になっていたんです。でも、その時は自然とゼッケンを取ろうとしたものの、「アッ!」と思ってその後輩に手渡した。試合では負けていなかったものの、その試合から監督がアンカーを彼に変えていたのを本当に忘れて無意識にやっていたんですね。その光景や心にブレーキを掛けた瞬間は、未だに鮮明に覚えていますね。自分が一番じゃない、とはっきり認めた瞬間でした。別の言い方をすれば、努力しても報われないことがあると悟った一瞬でもあります。

そもそも陸上短距離は、生まれ持った筋肉の質に大きく左右される競技。瞬発系の白筋が先天的にどれだけあるかに関わってきます。多分監督は、僕の筋肉の質は一〇〇mより四〇〇m向きと早くから見抜いていたんでしょうけど、僕は陸上の華である短距離に強くこだわっていたので、僕が一〇〇mを諦めるのをずっと待っていたのかもしれません。監督も忍耐が必要です。

監督からは四〇〇mを勧められていました。そして四〇〇mハードルも向いているのではないかと。初めはしぶしぶだったのですが、実際に走ってみると、一〇〇mの走りの感覚は自転車に例えるならギアを重たくしてよいしょよいしょと漕いでいる感覚でしたが、四〇〇mはそんなに必死で漕がなくても、ゆっくり回していれば前に進む感じがしたんです。ハードルはさらに身体が軽くなって優雅なクルージングをしている感じがし、自分の感覚にぴたっと嵌ったんです。

ただ、子供のころから自分は一〇〇mで天下を取ると信じてきたので、それまでの自分に折り合いを付けなければならない。そしてなぜ陸上を始めたのかという原点に戻ったところ、自分の走りに周りがびっくりするのが楽しかったことを思い出し、それなら四〇〇mハードルでまた驚かせればいいと思い直した。

この時の心の転換が、修業と言えば修業だし、自分の固定観念が取り払われた瞬間でもあったんです。固定観念というのは実に厄介で、自分の成長を妨げる足かせになってしまうことがあります。例えば陸上一〇〇mで日本人が一〇秒を切るのは無理と長年言われていましたが、桐生祥秀選手が九秒九八を叩き出すと、すぐにサニブラウン・アブデル・ハキーム選手、小池祐貴選手が続いた。

「ああ、出来るんだ」と思うと、人間は挑戦しようとする。そこから可能性が生まれるわけです。

私も一〇〇mから四〇〇mハードルに競技を変えた時点で、ものすごく心が柔らかくなった気がするんです。この経験をしたお蔭で、それ以降、様々な場面で自分の考えと違うことがあってもそんなに気にならなくなり、抵抗感もなくなりましたね。鉄の胃袋で何でも飲み込み、消化する自信が付いたのかもしれません。

気持ちが柔軟になったせいか、ハードルに取り組んで二か月後には成果が出ました。地元で開催された国体の四〇〇mハードルで、日本高校記録、ジュニア新記録を達成することができたんです。以来、私の専門種目は、四〇〇mハードル一本。

高校時代は、陸上に夢中になっていたので、勉強はあまりしなかった。ただ、陸上や身体に関する本は貪り読んでいました。研究者たちが読むような分厚い専門書も読みこなしていました。勝つための練習のやり方が見えた気がしていたので、大学では自分の身体を実験材としてその練習方法を検証してみたくなった。それで、自主性を重んじる法政大学に入学しました。

敢えてコーチも付けなかったので、自分で仮説を立て実験し、その結果を検証してさらに仮説を立て練習する……この繰り返しです。セルフコーチングは孤独な作業ですが、ただこの頃からナショナルチームに選ばれていたので代表合宿の時は朝原宣治*さんら先輩の話を聞いたり、月一回は東海大学の高野進**先生を訪ね、相談に乗っていただいていました。

大学四年でシドニー五輪に出場。今振り返ると、初めての五輪だったこともあり、すでに三か月前から興奮していました。本番当日は目を瞑っていてもハードルを跳べるくらい

＊朝原宣治（1972年生まれ）

あさはら・のぶはる　2008年北京オリンピック4×100mリレーの銀メダリスト。100mで日本人で初めて10秒1台及び10秒0台を記録。

万全だったのに、バックストレートから急に向かい風が吹き、対応できなくなってしまった。いつもならそんな時は、歩幅を少し伸ばし気味にして対応できるのに、緊張でハードルと自分の距離さえ分からなくなってしまった。結果は予選落ちです。ただ、その翌年にカナダ・エドモントンで開催された世界陸上では三位に入り、五輪・世界選手権を通じて日本人初の短距離種目の銅メダルを獲得することが出来ました。

今、振り返ればこの時が身体的なピークだったような気がします。二〇代後半から少しずつ疲れが抜け切らないようになり、その一方海外勢は若手が台頭し始めてきた。陸上競技は道具を使わないので、身体能力そのものが如実に表れる競技。身長一八〇cm以上の海外勢に一七〇cmの私が勝つのは理論上難しい。ピッチとストライドはほぼ固有のもののため、スピードが稼げないんです。身体で劣るなら、頭でアドバンテージを持とうと、二〇代後半以降は、色んな走りを試してみました。

最も速い動物と言われるチーターの動きを真似てみたり、ストライドを稼ぐためにモデルのような足の運びを試し、またある時は魚のくねくね泳ぎに走法を見出したり、赤ちゃんのハイハイから腕の振り方を思いついたりと、速く走るためのヒントがどこかに無いか、常に周りをキョロキョロしていましたね。よく、著名な作曲家が「音符が天から降ってきた」という言い方をしますが、それは裏を返せば、いつも音楽のことを考えているから、

**高野進（1961 年生まれ）

たかの・すすむ　陸上競技選手、指導者。400m の日本記録保持者。北京オリンピック、ロンドンオリンピック陸上競技日本選手団監督。

何かがきっかけで閃くと思うんです。私も同じ思いでした。

そんな智慧や勝負強さで掴んだ勝利が、ヘルシンキ世界陸上での銅メダルです。二七歳の時でした。決勝に進出した八人の中で、私の実力は六、七番目。しかし当日は豪雨だったのでチャンスがあると思った。案の定、スタート時間が遅れる中で、選手たちはイライラし始めていました。彼らの精神状態を観察し、ライバルとなりそうな選手を絞っていった。彼らにスタートでどう仕掛けるか。スタートから飛び出し、彼らを動揺させる作戦を取ったんです。心理戦が成功し、四位に〇・〇四秒という僅差での銅メダルでした。

五輪にはシドニー、予選を突破したアテネ、そして三〇歳で出場した北京五輪と三大会出場しました。北京五輪を花道に引退も考えていたのですが、予選で敗退という厳しい現実を突きつけられても「まだ遣り切っていない」という感覚が残ったんです。一言でいえば、まだ成仏できないというか……。それでまたゼロから取り組んでみようと米国サンディエゴに練習場所を求めたんです。

二度目の修業時代

サンディエゴで過ごした三〇歳から三四歳までの四年間が、僕の第二の修業時代ですね。

スポーツの世界では実力が落ちると、周りの雰囲気が露骨に変わります、競技場に入った瞬間に自分のパワーや存在感を失っているのをヒシヒシと感じるんですよ。つまり、それまでは「為末選手だ！」と他の選手から視線を向けられていたのに、こちらを見なくなるんです。人間は周りに認識されなくなると、凄く自信がなくなるわけです。ではどうやってもう一度輝きを取り戻すか――。そのことをずっと考えていたのがアメリカ時代でした。しかし、肉離れや膝の怪我には常に悩まされ続けた。ぐちゃぐちゃな心を整理したくて毎日本を読み漁っていましたね。午前中は語学学校に通い午後に練習し、夕方から読書。土日は一日に三冊ぐらい読んでいましたね。

競技の面では暗いことばかりでしたが、その一方で、新たな自分と出会える貴重な時間でもあったんです。今の事業に結びつくような思考もこの時期に醸成されたものです。

カリフォルニア州の大学院で「平和・紛争解決学」を学んでいた妻と、現地で結婚したことも大きかったですね。妻と暮らし始めた時、彼女が運び込んできた本の蔵書が、私とまるで違っていた。私の本棚は心理学や勝負に関する本、あるいはヴィクトール・E・フランクルの『夜と霧』のような極限での人間の業など、どちらかと言えば内向きものばかり。一方妻の本棚には、「森が蘇る」、「平和」、「紛争」などというタイトルが並び、環境、民族、難民、国家の分断問題などに関する著作物が多かった。

端的に言うなら、私は自分と向き合うようなものばかりで、彼女のものは他者との関係性を考えるような内容が多かった。笑っちゃうほど思考のスタンスが違っていたんです。そんな妻に自然に影響され、私の視野も外に向き始めました。

また、この時に知ったNPO法人の取り組みにも刺激を受けました。英語を話さない移民が八割を占める貧困地域に畑を作り、共同作業をさせることによって、衝突が絶えない住民同士の問題を解決しようと活動されていた。

私はそれまで、スポーツは成績を上げるためのもの、つまり自分を磨くツールとしか考えたことが無かったけど、その時に「社会の問題をスポーツでどう解決するか」という視点に初めて気が付きました。さらに調べてみると、「スポーツ外交」、「スポーツによる教育」と言った観点もあることが分かりました。それが契機となり、引退したら「社会の問題をスポーツで解決することを仕事に出来ないか」と真剣に考えるようになりました。

現役時代から綴っていたブログが評判になっていたことも自信になりましたね。月に何度か、自分の考えが纏まったときにアップしていたのですが、メディアなどに度々取り上げられるようになっていたんです。

実は私は子供の頃、新聞記者になりたかった。祖父も父もマスコミ界で働いていたので、自分も新聞記者になると当たり前にように思っていました。それもあってか、子供のころから言葉には敏感でした。小学校の時、クラスに耳の不自由な友人がいて、担任が「〇〇さんは耳が聞こえにくいので助けてあげなさい」と言った。私は「あげなさい」という言葉に引っかかり「『助けてあげる』は優しいか」という作文を書いたことがあります。また、祖父の影響だと思うのですが作文に「しかるに」とか「いささか」などの副詞を使う子供でした。

ブログが評判になって、言葉に敏感なことが自分の武器になるかもしれないとこの頃に気が付きました。アスリートは競技を追及しているうちに人間の深いところにタッチすることがある。でも、語彙が限られているからその部分を的確に表現する言葉が見当たらないことが多い。そうすると黙ってしまうしかないんです。

一方私は、子供のころから言葉に敏感だったせいか、真髄に迫れなくてもそれに近いことは翻訳して多くの人に伝えることが出来る。多分、ブログはそういう部分を評価していただいたんだと思います。

二〇一二年の日本選手権を最後に引退表明しました。

もちろん、引退直後はセカンドキャリアをしっかり歩めるのか、不安はありました。でも、サンディエゴで思考の壁打ちを繰り返し続けてきたので、腹は据わっていたと思います。私にとっては本当に貴重な修業時代でした。

第三の修業時代へ

結局、今振り返ってみると修業時代というのは　コツコツ努力を重ねるというよりは、何かに夢中になっていた期間だと思いますね。夢中は努力を凌駕すると思うし、この期間に能力も鍛えられるような気がします。これからもスポーツを通し社会の問題を解決していきたいし、人間の可能性を拓くお手伝いをしていきたい。

個人的なことで今興味があるのは宮本武蔵の『五輪書』*を自分なりに翻訳することと、認知心理を深く研究してみたい。『五輪書』は多くの作家が著していますが、アスリート目線で著したらもっとこれまでと違う視点で表現出来るんじゃないかと思うんです。剣術の奥義は、トップアスリートの奥義と近い気もします。時間はかかるかもしれませんがやってみたいテーマです。

認知心理は知覚、理解、記憶、思考、意識、感情、感性など人間の高次認知機能を深く学ぶことによって、また新たな人間の潜在能力に触れるかもしれない。

もしかしたら『五輪書』と認知心理との関わりは、私の第三の修業時代になったりして。

*『五輪書』（ごりんのしょ）
宮本武蔵の著した兵法書。剣術の奥義をまとめたといわれる。

スイスでの七年の修業時代

河合俊雄
かわい・としお
一九五七年生まれ。
心理学者、ユング派分析家。
京都大学こころの未来研究センター長。

はじめに

修業というのは、ある意味一生続くのかもしれない。人生においては、次々に思わぬ課題が生じてくるので、それに対応するための修業は繰り返し生じてきます。特に私が専門としている心理療法・臨床心理学においては、悩みや症状を持って訪れてくる個々のクライエントは非常に個別的で、それどころか毎回のセッションが一期一会のようなものなので、決してある理論や方法をいつも適用するわけにはいかず、日々が修業とも言えます。またこころが時代とともに変化していくにともなって、常に心理療法の方法やテクニックも変えていく必要があります。たとえば元々は、自分のことを内省する能力のあるクライエントを想定しての心理療法のアプローチを学んだのに、それは近年増えている発達障害、あるいはそれに類する主体性の乏しいクライエントには全く通用しない。だから修業が終わったと思っていると、とんでもないことになるでしょう。

とはいうものの、ここでは私のスイスでの七年間を修業時代として取り上げたいと思います。京都大学教育学部で心理学と同大学院で修士課程二年間と博士課程一年余り臨床心理学を学び、また心理療法の訓練をはじめたあと、私は一九八三年にまず国費でスイスのチューリッヒ大学に留学し、その間に並行してチューリッヒのユング研究所でユング派分析家の訓練をはじめました。チューリッヒ大学で博士号を取得、ユング研究所で中間試験に合格してから後は、二年四ヶ月の間、スイスのイタリア語地域にあるルガーノに移住して、そこのクリニックで心理療法家として従事しながら、分析家の訓練を修了したときには、七年の歳月がたっていました。

＊『わが師・先人を語る１』

弘文堂、2014年刊。

＊＊ユング心理学

ユングが創始した深層心理学理論、心理療法理論。分析心理学ともいわれる。

二〇年ぶりのスイスへ

この『私の修業時代』の前のシリーズになる『わが師・先人を語る1』*でも述べたように、自分が臨床心理学、特にユング心理学を学ぼうと思ったのには、小さい頃からあった死の恐怖、死とは何だろうという問いが大きかったと思われます。意識が生まれて以来、つまり記憶ある限り、私は常にその問いと恐怖に取りつかれていました。そしてそれの解決がユング心理学**にあるのではないか、という直感があって、そのために臨床心理学、というよりユング心理学を学ぼうと高校のころに決意したのです。その点では、私は結果的に河合隼雄***が心理療法を選んだ動機と非常に似ているかもしれません。谷川俊太郎との対談（『魂にメスはいらない』****）のなかで、自分が心理療法という仕事をはじめようと思った大きな動機は何かと問われて、「私の場合、一番中心にあるのは死の問題だと思います」と答えているからです。

ユング心理学に関心があったために、残念ながら日本では他に選択肢がなくて私は京都大学教育学部に入学して、父河合隼雄の授業も聴く羽目になりましたが、まずは心理学を学んでいきました。心理学には様々な実習や実験があって、学部からなかなか忙しいもの

***河合隼雄（1928-2007年）
かわい・はやお　心理学者、ユング派分析家。京都大学名誉教授、文化功労者、元文化庁長官。

****『魂にメスはいらない—ユング心理学講義—』
朝日出版社、1979年刊。その後、講談社（講談社＋α文庫）、1993年刊。

でした。それはそれなりにおもしろかったのですが、死とは何か、存在とは何かという問いに囚われていた私は、むしろ次第に哲学に関心を持つようになって、それに関連する講義だけではなくて、偽学生が闊歩する自由な校風にも助けられて、様々な文学部の哲学関係の講読演習にまで潜って聴きました。辻村公一*先生のハイデガーの講読や、上田閑照**先生のマイスター・エックハルトの講読に魅せられていきました。

大学院に入って、ケースカンファレンスに出て、自分もクライエントを持つようになって、臨床上の訓練は非常に興味深かったのですが、他方で私はますます哲学・思想に惹きつけられていきました。自分の専攻している大学院は最低の単位数でクリアして、文学部の演習に引き続き潜りました。それはテキストを内在的に綿密に読んでいくというもので、ある意味で心理療法に通じるところがあります。またここで文献を読む訓練を学んだのが、後々非常に役だったと思います。また後に知ったギーゲリッヒ***による夢の内在的な理解はそれに近いものがあります。そのうちに私には、自分の体験から独自のテキストの読みが生まれてきて、ユング****とハイデガーに共通するものを捉えようと構想していきました。チューリッヒ大学に哲学的心理学のデートレフ・フォン・ウスラー教授がいることを知り、ハイデガーとユングの文献研究から博士論文を書こうと考えました。スイス政府の国費留学に何度かチャレンジして合格し、チューリッヒ大学に留学することが決まりました。

＊辻村公一（1922-2010年）
つじむら・こういち　哲学者。京都大学名誉教授。著書『ハイデッガー論攷』ほか。

＊＊上田閑照（1926-2019年）
うえだ・しずてる　京都大学名誉教授。専攻はドイツ哲学、宗教哲学。エックハルト、ハイデガー、西田幾多郎、西谷啓治等研究で知られる。

ところでチューリッヒというのは、私にとって特別な町です。父の留学のために四歳から七歳まで、近郊で過ごし、幼稚園の後で小学校にも一年近く通いました。しかし当時は家族以外に日本人など近くに住んではいず、ただひたすら辛かった思い出があるのみです。自分にとっては幼稚園と小学校にたった一人の外国人として戦場に赴くような悲壮な思いで通う毎日でした。それでも小学校に入るころにはドイツ語が、といってもドイツ人にも理解できないスイス方言なのですが、母国語のように意識しないで使えるものになっていました。しかし辛い毎日なので一日も早く日本に帰りたいと思いつつも、帰りの飛行機が落ちるのではという強迫観念に囚われていました。

後から考えるとですが、そのような恐怖は、スイスから日本へ移動するというのは、あの世とこの世の境界を越えるようなラディカルなものだったためだと思われます。けれどもそれだけ心待ちにして日本に戻ってみると、それは故郷という親しみのあるものではなくて、非常に違和感を覚えるものでした。私の思っていた日本は私の想像の中だけのもので、あれだけスイスでの生活を嫌っていたのに三年の間に私はすっかりと変わってしまい、いわば二重に自分の起源から切り離されているような気持ちだったのです。その意味でチューリッヒに行くということは、ある意味では自分のこころの旅であり、巡礼であったと言えると思います。もちろんドイツ語もスイスドイツ語も帰国後すぐに忘れてしまっ

****ユング（1875-1961年）
Carl Gustav Jung　スイスの精神科医、心理学者。深層心理について研究し、分析心理学を創始した。

***ギーゲリッヒ（1942年生まれ）
Wolfgang Giegerich　ユング派分析家。元型的心理学から、弁証法的な心理学を展開。

たので、大学で最初からドイツ語を学ぶ必要がありました。

フライブルクでの語学研修

一九八三年の一〇月にはじまった学期の前に、国費の留学生はスイスのドイツ語圏とフランス語圏の中間にある、フライブルク（スイスドイツ語読みをするとフリーブルク、フランス語読みをするとフリブール）で、ほぼ三ヶ月の語学研修を受けました。大学院時代にゲーテ・インスティトゥートの三ヶ月の語学研修のプログラムに運良く当たって、ブレーメンでドイツ語を学んだことがあったりしたので、ドイツ語にはもうあまり困っていなくて、街ではフランス語を話すし、フランス語圏で留学することになるラテンアメリカなどからの留学生たちと親しくなって、むしろフランス語の方がうまくなる変な語学研修期間でした。

そんなわけでいわば楽しい夏休みを過ごしていたのですが、私はなぜか極度の体調不良に苦しんでいて、成人後では史上最低くらいまでに体重が落ちていました。そして不思議なことに、毎晩のようにひたすら旅を続けている夢を見ていて、不思議に思っていました。ユングが紹介しているアフリカでのエピソードに、現地の人を車に乗せると、しばらくすると止まってくれと頼まれるので車を止めると、大地にしばらく横たわっている。何をしているかとユングが尋ねると、車のスピードがあまりに早いので、自分の魂がそれに追いつくのを待っているのだと答えたそうです。同じようなことは当時の私にも起こっていたのではないでしょうか。自分はスイスに来て、毎日楽しく充実した日々を送っていると思っていたけれども、日本にいた私の魂は、まだここにはいなくて、私の体に追いつこうと未だに旅を続けていたのかもしれません。だから魂が抜けている私の体の調子が悪いのは無理もなかったのでしょう。震災後のこころのケアに従事したときにも思いましたが、何か大きな出来事や変化があったときに、それにこころが追いつくためには、三ヶ月くらいの期間がどうも必要なようなのです。私の魂も三ヶ月かけて日本から追いついてきたのかもしれません。

エラノス会議

語学研修の間に、父河合隼雄もはじめて招待されて発表を行ったエラノス会議が八月後半に開催されたこともあって、二週間の休暇を申請して認められて、それに参加することができました。

エラノス会議とは、ユングが東西の思想の出会いを求めてはじめた学際的な会議で、スイス南部のイタリア語地域のマジョーレ湖畔にある保養地アスコナで一九三三年から毎夏開かれてきたものです。エリアーデ*、ポルトマン、キャンベルをはじめとする著名な学者が参加してきた歴史を持っていて、日本の鈴木大拙**、井筒俊彦***、それに私が京都大学在学中に非常にお世話になった上田閑照先生も講義したことがあるものです。講義はそれぞれ二時間で、前後半一時間ずつの間に三〇分の休憩をはさんで行われ、講師によって英、独、仏のいずれかの言語でなされる、通訳もディスカッションもなしという受講者にとってもハードなものです。午前と午後に一人ずつで、約一週間にわたって開かれます。

とても期待して行ったのですが、当然かもしれませんが、どの講演もがおもしろいというわけでは残念ながらありませんでした。特にフランス語のものは正直なところ今一つでした。全体テーマは"Material and imaginal bodies"（物質的、想像的身体）だったのですが、"Bodies in the Dream Diary of Myoe"（明恵夢記における身体）という題での河合隼雄の英語の講演はすばらしいもので、私は聴いて感動しました（邦訳『日本人の心を解く****』）。しかしそれよりも衝撃を受けたのが、「魂のテクノロジー文明への埋葬」というヴォルフガング・ギーゲリッヒによるドイツ語の講演でした。ユング心理学をハイデガーから存在論的に捉え直そうとしていた自分の博士論文の構想と全く重なるもので、よくこれほど似た考

***エリアーデ**（1907-1986年）
Mircea Eliade　ルーマニア出身の宗教学者・宗教史家、民俗学者、作家。

****鈴木大拙**（1870-1966年）
すずき・だいせつ　仏教学者。日本の禅文化を英語で海外に広くしらしめた。

えの人がいるものだと驚きました。

ヴォルフガング・ギーゲリッヒは、ドイツのユング派分析家で、ジェームス・ヒルマンがはじめた、個人を超えたこころを強調する元型的心理学の流れに属する人です。このエラノス会議をきっかけに、彼との交流がはじまり、自分にとってはスイス滞在中にこれほど実りの多いものはないくらいでした。度々彼が当時住んでいたシュトゥットガルトを訪れて、長時間に渡っていろいろと議論しました。またメールなどがなかった時代なので、手紙やお互いの草稿や論文を送り合って意見を交わし合いました。

もう一つ自分にとって大事なポイントは、日本で河合隼雄を超える人は同じ分野でいないと思っていた自分にとって、はじめてそれよりもすごいと思える人に出会えたことです。これは私にとって非常に大切なことでした。

それと同時に、これほど自分から見ておもしろい考え方が、世の中から、それどころかユング心理学の中でも理解されないのは非常に残念なことだと思いました。また彼は、大学などの研究機関に属していません。つまりいくら深くすばらしい思想だと自分が思ったとしても、それは学術的な世界には繋がっていかないのです。たとえば彼が大学でのポストについていたら、私の運命は大きく変わっていったかもしれません。

エラノス会議は、様々な事情から、一九八八年に突然の最後を迎えてしまいました。それ

****『日本人の心を解く
—夢・神話・物語の深層へ—』

河合俊雄訳、岩波現代全書、岩波書店、2013年刊。5つのエラノス会議での講演をまとめたもの。

***井筒俊彦（1914-1993年）

いづつ・としひこ　言語学者、イスラーム学者、東洋思想研究者、神秘主義哲学者。慶応義塾大学名誉教授。

までに六回にわたって毎年参加しました。ヴォルフガング・ギーゲリッヒに加えて、同じくユング心理学のジェームス・ヒルマン、*宗教学のデイビッド・ミラー、エジプト学のエーリック・ホルヌングなどの発表は非常に刺激的でした。また講演のディスカッションは一切ないのですが、休憩時間と毎日終了後に深夜過ぎまで飲みに行っての交流はとても楽しいものでしたし、自分にとっての大きな財産になっていったように思います。そこでのやり取りで、今でも鮮明に覚えているものもあります。また開催地がアスコナというイタリア語圏だったために、イタリアの生活やイタリア語に開かれていったのも、修業時代の後の伏線になっていったと思います。

チューリッヒ大学

一〇月になってチューリッヒに移動し、ちょうど京都大学に留学に行ったブルーノ・リーネル（Bruno Rhyner）の入れ替わりのように彼が入っていた下宿を借りて、留学がはじまりました。チューリッヒ大学では、様々な授業を受けつつ、指導教員のフォン・ウスラー教授と相談して、まず「直接博士号取得」（Direkte Promotion）の申請をしました。つまり日本での修士号が認められ、スイスでの修士号のための試験が免除されるための申請で

*ヒルマン（1926-2011年）
James Hillman　心理学者、ユング派分析家。著書『元型的心理学』ほか。

す。後のユング研究所でもそうでしたし、行政に対してもそうでしたし、ともかく申請することが大切です。また申請が認められても、いくつかの試験を受けないといけないという条件が付くことが多く、一番恐れていたのは、その試験にラテン語の試験が含まれることでした。最近ますます弱まってはきていますが、ヨーロッパの大学に来ると、中世からの伝統が生きているように思います。たとえば学部の分類は、「第一哲学」（文系）と「第二哲学」（理系）ですし、三時間とか一室に閉じ込められて、与えられた課題について書くというような試験があります。文系のMatura（ドイツでのAbitur、高校卒業資格）を取っている人は、ラテン語を既に修めているとみなされるのですが、それ以外の人は文系の学部で修士を取ろうとすると、ラテン語の試験を受けないといけません。

そのために大学で開設されているラテン語の授業も受けるようにし、初級文法しか知らないのにシーザーの『ガリア戦記』やオウィディウスの『変身物語』を読まされることになりました。ラテン語と文庫で出ているドイツ語訳を見比べてみても、どうしてそのような翻訳ができるのかわからず、本当にきりきり舞いをしていましたが、結果的にこれが後にイタリア語を学ぶのにとても助かることになります。申請の方は無事に認められ、心理学二科目と他の科目の試験を受けて合格すればよいことになり、ラテン語の試験は免れて安堵することになりました。

試験を受けないといけないこともあって、いろいろと授業にも出ていたのですが、大切なのは博士論文を書いていくことでした。全体構想は既にあったのですが、それに従って書いていってよいと、指導教員から承諾してもらうと、ひたすらユングとハイデガー*のテキストを読み込んで、様々な二次文献にもあたりながら書き進んでいくことになります。授業のない時間は、よく大学の中央図書館に行って、ひたすら本を読み、ノートをとっていました。それでも、授業などで知り合った人と、コーヒーを飲みに行くことも多かったのですが。

中央図書館の読書スペースは当時は仕切もなくて、広大だったのですが、図書館に行ってまず驚いたのは、日本の大学のように、居眠りをしている人が全くいないことです。どうも夢とうつつの境があいまい、というよりそもそも様々な境界があいまいな日本人とは、意識のあり方が違うようです。それはわかっていたのですが、ある日私は、いつも日本で行っていたように図書館でしばし眠りに落ちてしまいました。すぐに目覚めたのですが、周りの大勢の人がとてもニヤニヤとしています。そうか、ここでは居眠りをする人はいないのだと思い知らされました。

心理学の授業は一部を除いてあまりおもしろくなかったですが、試験を受けた宗教学や哲学の講義はレベルが高く、おもしろかったです。ドイツ語の講義がVorlesung(前で読む)

*ハイデガー(1889-1976年)

Martin Heidegger　哲学者。主著『存在と時間』。

という言葉になっていることからもわかるように、先生は完成した原稿を読み上げ、学生はそれをかなり逐語的にノートを取ろうとします。私も同じように必死にノートを取っていました。優れた講義は、新しい研究のようで、そのままほぼ出版できるくらいのものになっていました。

ところでチューリッヒはドイツ語がうまくなるためにはあまりよくないところです。大学の講義はもちろん標準ドイツ語でされるのですが、日常会話はスイスドイツ語です。テレビ、ラジオもニュースなどを除いては、スイスドイツ語が使われることが多いです。このスイスドイツ語は、ドイツ人にも理解できず、時制でも現在形と現在完了形の二つしかないなど文法も全く異なって、ほぼ別の言語と考えてよいと思います。ドイツ系スイス人は、全員標準ドイツ語も話せるのですが、あまり話したがらず、外国人としては、せっかくドイツ語を勉強しても、日常で聴くのはスイスドイツ語で、言葉がうまくなっていくには非常にジレンマです。チューリッヒのユング研究所に留学してきた人で、ドイツ語ができるようになる人があまりいないのも無理がありません。

けれども大学でゼミに入ったり、親しい人が増えていったりして、かなり時間をかけてですが、私はスイスドイツ語も話すようになりました。もちろん簡単な入門書も読んだのですが、体系的に学べる言語ではありません。スイスドイツ語といっても、各地方での方言は全く異なり、例えばtief（深い、英語のdeep）は標準ドイツ語ではティーフと発音されますが、チューリッヒではティエフとなり、ベルンに行くとトイフのように聞こえます。人びとには「上手にチューリッヒドイツ語を話すね」と言われましたが、自分としてはなんとなく学んだものを話しているだけで、全く無自覚でした。

校閲担当の助教からラカン派へ

いくら日常的なことができても、言語の大きな壁は論文などを書くことです。それにはどうしてもネイティブのチェックが必要です。これはその言語ができるなら誰でもできるものではないというのがわかってきました。特にスイス人にとってドイツ語は、学校で学んだだけの言語なのでなおさらです。ユングを読んでいても、これはスイスドイツ語の表現で、ドイツ人はこう書かないよね、という箇所に出くわすことがあります。

私のドイツ語で書いたものをいつも最終的に直してくれたのは、フォン・ウスラー教授のもので助教をしていたディーター・シュトロイリ（Dieter Sträuli）でした。もっとも彼らはディエテルと発音しますが。彼はユニークな人で、スイスの文系は、専攻の他に副専攻を学ぶ必要があるのですが、心理学を専攻しつつ、エジプト学とデカルトの哲学で試験を通ってきた人です。博士論文は、サイエンスフィクションの物語の構造を分析したものでした。ヨーロッパでは、そこからさらに「教授資格論文」を出さないと、大学でのキャリアを歩んでいくことができないのですが、長年助教をしていても、その方向には進まなかった人です。

後にふれるように、彼はラカン派のグループに入っていたのですが、非常に言語感覚が研ぎ澄まされていました。他の人に自分の原稿を見てもらって、ほぼノーチェックでよくわかると言ってもらったものでも、それから彼に見てもらうと、びっくりするくらい直されます。私と考え方はかなり違うのですが、私の書こうとするものもよく理解してくれて、ある箇所がわかりにくい、あるいはわからないというのもよく指摘してくれます。そこでそれを元に書き直して、会って相談するわけです。彼から学んだことの一つは、わからないものをさらに説明しようとするよりは、それを単に削除した方がよいことも多いことです。結局は指導教員よりもはるかに彼に指導してもらったと思います。

まず最初に校正をお願いしたのは、心身症に関して心理テストで調査した修士論文をドイツ語で学術誌に投稿するためです。実は日本にいるときに既に投稿していて、一度めげていたのですが、もう一度トライすることにしました。これは、胃潰瘍、神経症、正常（統制群）の三つのグループのバウム・テストと特殊な言語連想検査を比較したもので、胃潰瘍の人のイメージの乏しさ、葛藤の乏しさ、さらにはこころの境界の弱さを示しています。なんとか彼の助けもあって、査読を経て採択が決まり、一九八五年に「Nervenart」というよい雑誌から出すことができました。

彼の講義もなかなかユニークで、たとえば文学、映画などの「物語」をテーマにしたものはとても興味深いものでした。物語というのがいかに繰り返されていくかというのをラカン派の視点から読み解いたものです。

そのうちに彼が、ペーター・ヴィッドマー（Peter Widmer）の主催するラカン*のセミネールを読む読書グループに入っていることがわかりました。何回かお願いして、参加させていただくことになりました。それまではセミネールの一巻を読んでいたらしいですが、ちょうど一一巻の「精神分析の四つの基本概念」に変わったところでした。この読書会は非常におもしろかったです。『エクリ』**を読んでも全くわからなかったラカンが、はじめて理解できたように思いました。

ユングとラカンの考え方は、ある意味で真逆なようなところがあります。ユングにとって一番大切であったのは「結合」であって、それは意識が無意識とつながることであり、ある意味超越的なものにつながることでもあります。それに対してラカンは、絶対的な対象を獲得することは不可能であるということを言っています。だからこそそれを求めての

*ラカン（1901-1981年）
Jacques-Marie-Émile Lacan
哲学者、精神科医、精神分析家。

**『エクリ1・2・3』
弘文堂、1972年・1977年・1981年刊。

欲望が大切になります。ところがそのようなナイーヴなユング心理学ではなくて、たとえば河合隼雄が書いているような「去って行く女性」、「無が生じた」（『昔話と日本人のこころ』***）ということを考えていくと、ラカンにかなり近づくわけです。しかしまさにこの近くて遠いというところが微妙なわけです。

読書会では、少しずつ一緒に読んでいって、わからないところ、本質的に思われるところを議論していくのですが、ペーター・ヴィッドマーはすごいと思いました。ラカンの他の著作や概念などから参照してきて、魔法のように謎を解いていきます。そのうちにバーデンの彼の家に招待されて、いろいろと親しく交流することになりました。奥さんのエリザベットも精神分析家で二人とも開業しています。彼らがどのような臨床をしているのかというのもよくわかって、非常におもしろかったし、また優れた臨床をしているのがわかりました。いつも彼がオフィスを持っているチューリッヒで待ち合わせて、バーデンに電車で行くのですが、ある日、駅に向って歩いている時に、「今日はびっくりした。あるクライエントが分析中に出産した！」とか言うので、どういうことかと思うと、精神分析は寝椅子で行うのですが、そのセッション中にあるクライエントが出産していくような状態になったそうです。しかしこれだけ実際のセッションで生じることを大切にしていても、「心理療法を通じて洞察は非常に深まるが、実際に人が変わることは少ない」というのは驚

***『昔話と日本人のこころ』
岩波書店、1982年刊。のちに、岩波現代文庫、岩波書店、2002年刊。

きでした。日本で心理療法をしていると、逆にあまり洞察はしないけれども、変化していける人は多いように思います。

ユング研究所

チューリッヒに来ても、ユング研究所*で資格を取るかどうかは決めていなかったのですが、個人分析は是非受けたいと思っていました。そして著作から惹かれるものがあった、アドルフ・グッゲンビュール**にお願いして、受けることになりました。著書から理解していたところでは、彼は個人を超えた無意識を重視して、夢に象徴解釈を中心にアプローチしていくオーソドックスな分析ではなくて、むしろ関係性を重視し、分析の否定的な部分を自覚している人です。チューリッヒに来るまでにいろいろと体験してきたことで、非個人的なこころについてはいったんもういいかなと思っていたこともあって、グッゲンビュールに分析を受けました。

チューリッヒでも、なかなか大変なことが多かったのですが、グッゲンビュールのすごいのはその存在感と冷めた目です。そしてユング派の分析は夢が中心になるのですが、夢に対しては図式や公式的な象徴理解に当てはめるのではない、非常にオープンな視点を持

**グッゲンビュール（1923-2008年）
Adolf Guggenbül-Craig　精神科医、ユング派分析家。

*ユング研究所
1948年、ユングが共同研究者や後継者たちとともに設立。ユング派臨床心理学の基礎と伝統を確立した。

っていました。

一年くらいたって、やはりユング研究所で訓練を受けて分析家になろうと思うようになり、ユング研究所に応募しました。訓練候補生になるためには、適不適を判断する選考委員会があって、三人の委員にそれぞれ別に面接を受けて、可否が判断されることになります。しばしば選考の過程で、三人のうちの一人と対立したり、もめたりすることがありま す。私の場合も、一人の委員と対立し、激しい口論になってしまいました。本当にひどい分析家で、あのような人が分析家をしているのは全く許せないと思って、そのようにグッゲンビュールの分析で私は息巻いてしまいました。するとグッゲンビュールは、「お前の言っていることは全く正しいが、残念ながらこれはお前の試験であって、面接者が分析家として適しているかどうかを判断するためのものではない」と言いました。彼らしい言い方で、全くその通りなので、かなり落ち込んだのですが、なんとか通過して訓練をはじめることができました。

ユング研究所の講義やセミナーでは、残念ながらおもしろいものはあまりないように感じました。やはり自分にとっては、エラノス会議で得たものの方が大きいと思えたのです。ユング研究所ではないのですが、箱庭療法***の創始者であるドラ・カルフのところでの箱庭のセミナーには毎週木曜日に参加していて、それはおもしろい体験でした。そこでは参加

***箱庭療法

心理療法の一種で、セラピストが見守る中で、箱の中にクライエントが自由に部屋にあるおもちゃを入れていく手法。

者があまりにも解釈し、言語化するのに辟易していたのですが、カルフ自身がいつも事例を出してくれるので、それは印象的でした。いくつかの事例はいまだに覚えています。同じような意味で、訓練後半の事例検討会やスーパーヴィジョン*はとても勉強になりました。それについては、ルガーノへの引っ越し後のところでふれたいと思います。

グループの体験

ユング研究所のセミナーで、フランツ・ヤンツが行っていたボディーワークやイマジネーションのようなものに参加したところおもしろくて、参加者の間で非常に盛り上がって、グループをはじめることになりました。彼をリーダーとする一〇人あまりのグループで二、三日の合宿のセッションを三ヶ月に一度くらい繰り返しました。基本的には出された課題をそれぞれが行って、後でグループ全体で体験のフィードバックを共有するわけです。その中では、特に禅やヨガのように座ることが基本になっていました。興味深いのは、導入として用いられた、自分より少し大きめの三角錐にすっぽり入っているのをイメージすることです。これは座る自分の身体の姿勢に注目すると、自分の身体から意識が離れられなくまうし、また逆に何も課題がないと視覚的なイメージが浮かびすぎたり、イメ

*スーパーヴィジョン
心理臨床家の能力・資質・経験を高めるために実施される実践的な教育訓練方法（研修機会）。

ト[illegible]も浮かばなかったりするのに対して、ちょうどよい枠になるのだと思います。三角錐ということで自分の身体に焦点を当て、かつ文字通りの身体からも自由になることができます。これだけの課題でも、かなりおもしろいことが生じてきて、グループで行うと、三角錐の上が閉じなくて困ったり、とてつもなく大きな三角錐がイメージされ、それに合わせて自分の体がどんどんと大きくなっていくようで混乱したりなどということが生じたりします。またそのときの感情も、三角錐に入っていて安心する人もいれば、窮屈で耐えられないと思う人もいて、様々なわけです。

このグループでは様々な実習をして、鐘などの音を使うと意識は簡単に飛ぶことが体験できたし、また自分が意識する身体が必ずしも実際の身体ではないというのに気づいたのも大きかったです。こういうグループはおもしろいのですが、個人の課題に入りすぎる人もあってグループは終わっていきました。それはこういう身体を使ったワークのリスクを示しているのかもしれませんし、また逆にこういうのに興味を持つ人に危ない人が多いのかもしれません。

分析家に選んだグッゲンビュールはリアリストで、それが私には大切だったのですが、だんだんと元々の傾向が出てきて、それがこのグループの参加にもつながったと思います。また後にふれるようなチューリッヒからルガーノへの引っ越しにともなって、スケジュー

ルが合わなくなったこともあって、グッゲンビュールからフランツ・ヤンツに分析家を変えました。

中間の仕上げ

国費留学は一年間の延長が認められるのですが、二年間で博士論文が書き上げられるはずがありません。幸い数学が得意だったので、チューリッヒ駐在の日本人の子どもたちに数学を教える家庭教師をいくつかして、それで稼いだりしていましたが、スイスは外国人への労働許可が厳しくて、アルバイトでも仕事に就くことができません。細々と稼ぎつつ、これまでの蓄えを切り崩しつつ、チューリッヒに三年目も残って、博士論文の仕上げを急ぐことにしました。

私の博士論文は、ユングとハイデガーの根本的な見方の共通性を探ろうというアクロバティックなものです。ユングは esse in anima（魂のうちの存在）ということを言います。それはハイデガーの「世界内存在」と通じるのではないかというのが元々の発想です。そしてハイデガーが「言葉は存在の家である」というのに対して、ユングは、魂はイメージであって、われわれはイメージの世界に住んでいるという見方をします。その意味でハイデ

ガーの言う言葉と、ユングにおけるイメージは通じるところがあるわけです。その結果、指導教員が提案した私の博士論文の最終タイトルは「イメージと言葉と、それの世界との関係」(Bild und Sprache und ihre Bezieung zur Welt) となっていて、それに「ユングとハイデガーの心理学にとっての意味」という副題がついています。

今から思えば、これには前近代の世界観が強く反映されています。最近出した『心理療法家がみた日本のこころ—いま、「こころの古層」を探る—』*でも取り上げたのですが、前近代の世界観では、個人的主体が中心になるのではなくて、人びとは共同体、自然、さらには神話的な世界に包まれて生きています。その神話的世界がまさにイメージの世界であるわけなのです。当時はそれをテキスト解釈から行っていこうとしたわけです。またイメージの世界に包まれているからこそ、夢分析などをする意味があるわけです。

私の原稿には、ユングとハイデガーのコスモロジカルな部分に焦点を当てた章もあったのですが、それは指導教員からすると書き過ぎということで没になり、その章は削除されて論文は完成しました。臨床心理学、社会心理学、宗教学の教授と事前に面談して試験のテーマを決め、口頭試問での試験もなんとか無事に合格し、博士論文の試問も無事にすますことができました。私にとっては、論文の試問より、他の試験の方が印象に残っています。そして学位論文については、出版の義務があります。たいていの人は必要部数を印刷

*『心理療法家がみた日本のこころ
—いま、「こころの古層」を探る—』
ミネルヴァ書房、2020 年刊。

して、それを図書館に入れます。しかし私は、できたら出版社から出したいと思っていました。

チューリッヒ大学の哲学のヘルムート・ホルツハイ教授は、いくつも授業を受けて、非常におもしろいと思っていたのですが、この人の奥さんがアリス・ホルツハイといって、ハイデガーの影響を受けた現存在分析のセラピストでした。彼女も私の論文を高く評価してくれ、またそのために現存在分析の研究所での講演に招かれたりもして、それが論文としても公刊されたりもしたのですが、夫のホルツハイ教授に、可能性のある出版社名を尋ねてくれ、いくつか教えてもらうことができました。なんでもトライということで、彼の紹介で三つくらいの出版社に手紙を書いてみたところ、一つの出版社が草稿を読んでみたいと申し出てくれて、結局そこから出版することができました。これは自分としては大切でしたし、よかったと思っています。なにごとも人とのつながりと交渉の世界だというのがヨーロッパで何年か過ごした実感です。

ほぼ同じころにも、ユング研究所でも中間試験を受けて、無事に全ての科目に合格することができました。チューリッヒのユング研究所は、中間試験を合格してはじめてクライエントを持つことができます。それまでは自分の分析と理論的な学習で、それが中間試験で問われるわけです。ユング心理学の基礎から精神病理学、神話・物語に関するものなど、様々な試験があります。スイスに行って四年目の一九八七年は私にとって大きな区切りとなりました。

ルガーノ移住

このように博士号も取得し、さらにはユング研究所での中間試験も全てパスして、いよいよクライエントを持って面接して、後半の訓練に入れるようになりました。チューリッヒに来て四年になるし、お金もつきてきていたし、日本に戻ってもよかったのですが、自分としてはスイスで訓練を終えたい、できればスイスに残りたいと思っていました。今もそうですが、スイスに移住したいと思う人は多くて、労働ビザの規制は非常に厳しいです。今でこそ日本にユング研究所があって、そこで訓練を受けることができますが、当時はもちろんそういうものはなく、これまで日本人でチューリッヒのユング研究所に来た人は、中間試験をパスして、クライエントを持って訓練を受けることができるようになると、日本に帰国してクライエントを持つようにして、それのスーパーヴィジョンと最終試験にだけチューリッヒに戻るのが大半でした。

私の場合はドイツ語の論文がいくつかあるし、博士号も無事に取得できたのですが、なんせチューリッヒというのは心理学者、心理療法家の多いところです。簡単に職があるはずはないし、また外国人労働者として雇用されるのは、雇用者が納得する理由を説明して承認されねばならず、非常にむずかしいです。いろいろと調べてみたり、知人を通じてコンタクトしましたが、さすがにこれに関してはなかなか解決が見つかりそうにありませんでした。

そんなときに、スイスのイタリア語地域のルガーノの近くに住んでいた陶芸家を通じて知り合った精神科医が、私の論文なども読んで、心理療法家として自分のクリニックで仕事しないかと声をかけてくれました。その精神科医はカルロ・カランキーニといって、ルガーノにオフィスを開けたばかりですが、バーゼル大学で精神医学を学び、また境界例の研究で有名なガエタノ・ベネデッティに分析を受けたこともある人でした。毎年エラノス会議に来ていたとはいえ、片言しかイタリア語は話せないし、チューリッヒを去って、電車で三時間はかかるところに移ることにとてもためらいを感じて、一度は引き受けながら断ったりもしたのですが、結局決意してカランキーニの元で仕事をすることになりました。スイスは連邦制で、全ては州政府が決めるので、ルガーノのあるティッチーノ州から「訓練期間中の心理療法家」という条件で労働ビザも無事に取得し、一九八八年の三月にルガーノに引っ越しました。

しかしろくに言葉も話せないで行ったので大変です。スイス中央部には、もちろんアルプスがあって、ゴットハルト峠をはさんで、北側がドイツ語圏、南側がイタリア語圏になります。そこで言語だけでなくて天気が一変するので、電車で移動していると驚かされます。多くのドイツの文豪などが、イタリアに憧れたのも無理はないと思います。しかしイタリア語地域のティッチーノ州でも、チェネリ山をはさんで、北側のロカルノ、アスコナなどがあって、ドイツ人の移住者や観光客が非常に多くて、ドイツ語がかなり強い地域と、南側のルガーノを中心としてイタリア人の移住者が多い地域では雰囲気が違います。それでもルガーノでもドイツ語は簡単に通じてしまうのですが、引っ越してきてからはドイツ語は絶対に使わないようにして、ややたどたどしいイタリア語しか街では話さないように努力していました。

ルガーノでの臨床と訓練後半

クリニックは、常勤の心理士は私だけで、クリニックとの契約は、給与が約一五万円、それ以外は個人のクライエントと契約して稼ぐようにというものでした。最初の週にはじめて会ったのは、北アフリカの労働者で、全身疼痛に苦しんでいる人でした。ドイツで仕事をしたことがあったためにドイツ語が話せるというので、私にまわされてきました。全身疼痛の人はその後も何人か会ったことがありますが、非常にむずかしいです。この人ともセラピーとしては続かなかったのですが、「神様のところに行った夢を見たことがある」と話してくれたのが非常に印象的でした。誰にも話したことがなく、今日はじめて話すと言っておられましたが、この人は神に会ってしまったから、このような疼痛に苦しんでいるのだ、と思ったことを覚えています。

また最初の週には、心理療法は無理でもテストならできるだろうと、イタリア系の患者さんにロールシャッハ・テストをするという仕事がまわされてきました。ロールシャッハ・テストは、左右対称のインクの染みを見せて、何に見えるかを尋ねていくものですが、コンテクストが多少ともわかっている会話とは違って、奇想天外なものが出てくる可能性があります。心理テストをしているというよりは、自分がイタリア語のテスト受けているような羽目になり、本当に冷や汗ものでした。しかしイタリア語は発音がわかりやすいので、後からメモしたものを辞書で調べて、だいたい想像はついていましたが、「クワガタ」(飛ぶ鹿という言い方をする)、「コウモリ」などであることを突き止めて、なんとかなりました。

クリニックでの仕事は非常におもしろくて充実していました。精神科医から依頼される面接をしたり、様々なテストをして報告書を書いたりして、心理療法として続く人は個人契約をしました。幸い本当に様々な症状の人、年齢・国籍・言語の人に心理療法で関わることができました。地元の人に対しては、イタリア語が完璧でないことや外国人であることは確かにハンディキャップなのですが、ルガーノという比較的小さな都市で、お互いがよく知っているなかで、そこから外れていて、他に話がもれていかない「まれびと」という位置づけは意外にプラスになって、おかげでクライエントを見つけるのには苦労しませんでした。また精神科クリニックでバウム・テストをはじめ多くのオーダーを受けて、それの報告書を書いたことは、見立てのためにとても勉強になりました。精神科医への報告も最初はドイツ語で書いていたのですが、だんだんとイタリア語で書いていくようになりました。

クライエントのうちの何人かは、ユング研究所で訓練のためのクライエントとして登録し、スーパーヴィジョンを受けました。どちらかというと発達的なオリエンテーションのソニア・マリアジュ、非常にクラシックで象徴的な見方をするゴッディ・イスラー、心身医学が専門で、非個人的な側面や芸術的な側面に強いアルフレッド・ツィーグラー、イタリア語圏の分析家など多くのスーパーヴァイザーについたのは非常に貴重な体験でした。またグループ・スーパーヴィジョン（コントロール・ケースコロキアムと呼ばれている）

についても、イスラーのものもおもしろかったですし、研究所のダイレクター・オブ・スタディを務めていたこともあるシェレンバウムのところでイタリア語のグループで受けたのもおもしろい体験でした。週に一日は訓練のためにチューリッヒに車や電車で出かけ、往復するリズムでした。分析家のフランツ・ヤンツがスイス中央部のルッツェルンに住んでいるので、彼に分析を受けてからチューリッヒに行きます。チューリッヒでも研究所から紹介されたクライエントがいたので、その面接も行っていました。

またこれはユング研究所とは関係ないのですが、勤め先のカルロ・カランキーニが、心理療法家の夫妻と行っている事例検討会でも大いに学ぶことがありました。彼は、精神分析の見方をしますが、それがケースにうまくフィットする場合があって新鮮でした。たとえば、スーパーマーケットが怖いという男の子の事例があって、それがそのスーパーマーケットにあるガソリンスタンド、そこのプラスティックの袋、と強迫の対象が広がっていくのです。ユング派なら、スーパーマーケットの象徴性とか意味とかを考えがちですが、彼の解釈は、このクライエントは父親が怖いのであって、それがスーパーマーケットに置き換えられているというものでした。確かにそうで、象徴に偏った見方にも盲点があるなと思いました。

当時、本当に様々なクライエントに会いましたが、いろいろと学ぶことがあったし、非常に充実した時間をおくれたと思っています。かなり夢を中心とするセラピーをしていたのですが、夢にその人の心理的課題が出てきたり、経過とともに変わっていったりして、夢の持つ力を実感することができました。たとえば、最近出た本*でも取り上げましたが、非常に母親などに支配されている二〇代の男性はどこかに入ろうとしたら止められたり、寝ていて体が浮こうとしたら戻ってしまったりする夢を見ていて、何かこの人を制止する、また大地を母親的なものと考えると母親から分離するのを妨げるものが働いていると考えられました。しかししばらくすると、体がベッドから離れて浮いていく夢が出現して、その課題はクリアされたようでした。クリニックだったために、統合失調症の人や重症のうつの人のセラピーもしましたが、クリニックで仕事をするメリットをうまく享受できたと思います。

帰国へ

充実した日を送っていたのですが、分析時間、スーパーヴィジョンの時間、担当しているケースの数と時間（特に八〇時間以上続いた事例が二つ必要になります）などの条件を満たし、オルペウス神話とジャン・コクトーの『オルフェ』をテーマにした資格論文を書

＊『心理療法家がみた日本のこころ
—いま、「こころの古層」を探る—』
叢書・知を究める 18、ミネルヴァ書房、2020年刊。

き上げ、様々な最終試験も無事に終わって、資格を取得することができました。博士論文と同様に、資格論文も今さら見返す気にもなりません。ただそのエッセンスのような部分は『心理臨床の理論』*のなかに盛り込めたと思っています。

ルガーノでの生活や仕事はとても充実していて、経済的にも成り立っていたのですが、一九九〇年の三月くらいに外国人関連の警察から、ビザの延長を認めないという手紙が来てしまいました。カランキーニさんの弁護士に訓練期間中は認めてほしいという手紙を書いてもらって、認められてよかったのですが、それはあくまで訓練期間中です。資格を取ってしまうと、滞在許可を取れなくなります。仕方なく日本に帰国せざるをえなくなりました。

スイスでの七年間の修業時代を振り返ってみると、もちろん一番大きな公的成果は博士論文を出したことと、ユング研究所で資格を取得したことです。しかしその間に回り道に見えても、行ってきた様々なことが自分の血となり肉となっているように思います。むしろそちらの方がはるかに大切なように思え、それが修業時代の意味かなと思っています。そしていろいろな人との出会いがあってこそ、今日の自分があることを痛感させられます。

＊『心理臨床の理論』

心理臨床の基礎2、岩波書店、2000年刊。

「はやぶさ」、「はやぶさ2」への繋がり

川口淳一郎
かわぐち・じゅんいちろう
一九五五生まれ。
工学者。
国立研究開発法人宇宙航空研究開発機構
シニアフェロー。宇宙科学研究所教授。

「はやぶさ2」の成果と帰還

「はやぶさ2」という探査機が、二〇二〇年一二月の上旬にオーストラリアに帰還しました。はやぶさの探査機の後継機です。従事しておられる方は、皆若い方々です。「はやぶさ2」が順調に運用され、そして成功裏に地球に帰還したこと、大変嬉しく思います。「は

やぶさ2」は、二〇一九年小惑星の表面に二度にわたり着陸をし、そして試料を採取することに成功しました。「はやぶさ」も、二〇〇五年、小惑星イトカワに着陸をし、そして試料の採取に挑戦しました。実験機ですから、サンプルの採集を試みる、その技術確立を目的としていました。弾丸を打って試料を採取する方法を開発しました。技術実証が主眼でしたが、「はやぶさ」に送った指令の中に誤りがあったために、所期の目的を達することはできませんでした。したがってその試料の採取方法の実証が、「はやぶさ」がやり残した一番大きな部分でした。「はやぶさ2」が着陸をし、そして弾丸が打てたこと。これは、「はやぶさ」プロジェクトに携わった者として、大変な喜びであり、また感慨無量です。一三年越しと言いましょうか、その宿題がようやく解決された。大変ありがたいことだと思います。用意は周到だったはず。でも「はやぶさ」ではそれができなかった。長年の夢が叶ったと思いました。「はやぶさ」プロジェクト開始は、一九九六年、それから二三年を経てこの成功に触れることができたわけです。「はやぶさ2」は「はやぶさ」は運ばなかった新しい探査手段を用いて初の試みも行いました。飛び道具です。インパクターと言います。小惑星は小型なので大気がありません。公転の間、太陽から受ける太陽風、つまり水素の原子核の流れに吹きさらしになっているので、表面はすりガラスのように、変性をしてしまっています。宇宙風化と言います、したがって小惑星の最表面は、変性していて、元の状態を保っていないのです。その表面を掘返して、新しい無垢の材料を露わにすることによって、フレッシュなサンプルが採取できる。これがインパクターの持つ使命です。人工のクレーターを作ることです。そして飛び散ったそのサンプルを採取することができれば、ベールを剥がしてフレッシュな試料を手にすることができます。直径が一〇メートルを超えるような大きなクレーターを作ることができました。全く新しい手段が投じられたわけです。今までは、非破壊検査だった。しかしインパクターが行ったことは、破壊検査です。インパクターに指令を送るケーブルの被覆が一部でも残って、インパクターが「はやぶさ2」から離れないでいたら、探査機本体も、もろともに破壊されなければいけない。非常に緊張感がある運用でした。「はやぶさ2」のチームが見事に実施してくれて、そして成功しました。おそらく世界中が驚嘆していることと思います。このような新しい試みができたこと、なおさらに、私にとっては大きな喜びでした。リスクのない挑戦はないのです。挑むことの大切さを語っています。

七〇、八〇年代の苦悩

「はやぶさ」そして「はやぶさ2」に繫がる背景をご紹介したいと思います。それは、一九七〇年代八〇年代に遡ります。当時、私たちは悩んでいました。二〇一九年は、アポロの月着陸から五〇周年の記念すべき年でした。しかし日本最初の人工衛星「おおすみ」が打ち上げられたのは、一九七〇年の二月のことでした。人類が月面に足を降ろした後、半年を経て、日本最初の人工衛星が打ち上がったわけです。アポロを打ち上げたサターンV型ロケットは、高さが一〇〇メートルを超え、そして重さが三〇〇〇トンという巨大なものでした。しかし、最初の人工衛星「おおすみ」を打ち上げたラムダロケットは、電信柱のような高さ、そして、衛星も、本体はわずか一〇数キログラム程のものだったのです。大きな違いがありました。同じことをしているとはとても思えないものだった。一九七〇年代、我が国、そして私の過ごした宇宙科学研究所*は、一年に一度、小さな人工衛星を打ち上げていました。その度にお祭り騒ぎをしていたのです。一方で、NASAは木星、土星に探査機を送り、スカイラブという宇宙ステーションを作り、そして一九八一年に登場するスペースシャトルへと、別次元の宇宙開発を進めていました。既に七〇年代の後半には、そのスペースシャトルの足音が聞こえてきていました。私たちの宇宙科学研究所、小さな研究所ですが、そこには、自信にみなぎった不思議な変人たちの集団がありました。その中に放り込まれた私は、大きな驚きをもってその方々にお会いしました。彼らの自信は、どこから来るのか。それこそが最大の疑問であり、そして、それこそが「はやぶさ」

＊宇宙科学研究所

宇宙科学の研究をおもに行う機関で、宇宙航空研究開発機構（JAXA）の一部。

につながった出発点でもありました。私たちの悩みは、我々は何をすべきなのか？でした。自問していました。米ソの後を追い、やがては月、金星へと探査機を打ち上げていけばよいのだろうか？　それは超大国が行っていることです。従って誰しもがそれを進めることに疑問を持たなかった。リスクが小さい、そして批判も浴びない政策だったかもしれません。であれば、我々が取り組むべきことは、米ソのトレースをして歩くことだけなのだろうか？　アイデンティティーは一体何だろうか？　これが私たちを悩ませていた一番大きな疑問だったのです。スペースシャトルが打ち上がると世界中から使い捨てロケットは消えてしまうとも言われていました。今では想像もできないかもしれませんが、我が国の宇宙開発には先が見えなかったのです。折しも一九八六年ハレー彗星が地球と太陽に接近しました。ハレー彗星は七六年周期で太陽の周りを回ります。従って宇宙開発が始まって、初めての、予定されていた最大の宇宙イベントがやってきたわけです。そのハレー彗星に向けて、私たちの小さな研究所は、国際共同を行いました。ソビエトそしてヨーロッパと共に探査機を打ち上げ、探査機を艦隊に仕立てて、ハレー彗星を探査したのです。この小さな研究所の先輩方、変人達は、その国際共同に向けて、新しいロケットを開発し、そして新しい地上局を建設したのです。そしてこれをやり遂げた。どうして、小さな人工衛星を打ち上げていただけの研究所が、その大きな挑戦をすることができて、成し遂げられたのか。ここに大きなヒントがあります。

自分たちで到達したゴール

山は高い方が良いのだろうか？　惑星は大きい方が良いのだろうか？　私たちは、「はやぶさ」プロジェクトを進めていたとき、国際会議に行く度に、質問を受けました。「君たち、もっと大きな天体を狙ったらどうだろうか。」そう言われ続けました。「挑戦的ですね。」それはたたえると同時に、「できるわけはないだろう」という冷やかしでもありました。小惑星の探査は、当時どの国も見向きもしていないものだったのです。山に行くと岩があります。地球に穴を掘ると岩ばかり出てくるでしょうか？　違います。岩はいわば水晶です。ガラスです。比重は三から四ぐらいしかありません。しかし地球全体の比重は、五から六ぐらいあります。従って地球の中には、もっと重いものが沈み込んでいるのです。掘っても掘りきれるわけはありません。したがって、その中身を知るためには別の方法を考えなくてはいけません。答えは小惑星、小さな天体にあります。小さな天体では、重いものも沈まないのです。したがって小惑星に行けば、表面から試料をすくってくるだけで、今は、地中に深く沈み込んだ、未知の材料を知る手がかりが直接に得られます。これが小惑星探査の目的です。議論を通じて得られた、自分達だけのゴールにたどり着きました。そして、これこそが我々が取り組むべきアイデンティティーであると信ずることができました。小天体から試料を持ち帰ってこそ。このゴールにたどり着いたのです。

一九八五年、この小さな研究所は、ハレー彗星に向けて、二つの探査機を打ち上げました。その年、初めての小惑星サンプルリターン小研究会が開催されました。亡くなられましたけれど、竹内結子さんが出ておられる映画＊、この小研究会の場面から始まります。とりあげていただいて、大変ありがたく思います。その翌年一九八六年には、私たちは、すでに小惑星サンプルリターンの飛行計画を考えていました。しかし、この年、まだまだプロジェクトは認められませんでした。イオンエンジンができていなかったのです。イオンエンジンがなくては、探査機は燃料だらけになってしまい、何も輸送できなくなってしまいます。イオンエンジンの開発を積み重ね、MUSES-Cプロジェクトは、一九九六年に開始されました。私たちは、独創にこだわっていました。

二〇一六年の九月、NASAアメリカ航空宇宙局は、オシリスレックスという探査機を打ち上げました。NASA版「はやぶさ」プロジェクトです。このミッション、小惑星から試料を持ち帰る計画です。「はやぶさ」から遅れること一三年、そして「はやぶさ２」の打ち上げからさらに二年。NASAは、ようやく気づいてくれた。そのように思いました。

＊「はやぶさ／HAYABUSA」
監督・堤幸彦、主演・竹内結子、2011年公開。

二〇二〇年一〇月、オシリスレックスは小惑星ベンヌに着陸をし、試料の採取を行いました。小さな天体から試料を持ち帰ることの我々の独創性。決してNASAが行ったから描いた目的ではありません。私たち自身のゴール。それは自分たちの独創を追求する気持ち、そして意気込みから生まれたものでした。このオシリスレックスは、イオンエンジンを積んでいません。従って探査機としては、古代の技術で作られたものです。まだまだ、「はやぶさ」、「はやぶさ2」の探査機技術は、世界のフロントラインを走っている。そのように思います。ありがたいことです。感慨無量と言いますか、溜飲を下げた思いです。

伝統の力

第一回目の「はやぶさ2」の着陸の成功の後、皆、歓喜に沸いて集合写真を撮りました。その時、伝統を感じました。伝統の力とは一体何でしょうか。それは、私はこう思います。環境が育む、軽いプレッシャーと、そして自信ではないか。メンバーは交代しているのです。同じ人が行っているわけではない。でも、伝統の力となって、世代を超えて継承されている。「はやぶさ2」のメンバーは、こう思っているかもしれません。あの人たち、「はやぶさ」のプロジェクトの人達にだってできたではないか。私たちにもできるに違いない。

そしてできなくてはいけない。そういうプレッシャーと自信が植え付けられているのです。ひとづくり、人材育成のゴール、それは伝統を作ること。すなわち、そう感じずにはいられない環境を作って残すことではないかと思います。

「はやぶさ」、「はやぶさ2」は、ロボットです。私たちは、匠をよく発揮できたと思います。しかしいわば、入門者の領域を一歩も出ることはなかったのではないか。アメリカの冥王星に向かった、ニューホライズンという探査機。それを目の当たりにすると、我々はまだ入門者に過ぎなかったと感じます。「はやぶさ」は三億キロメートルの彼方から、一秒間に八ｋビットの速さで通信をしました。しかしそれは、火星や金星など地球に近い領域でのことに過ぎない、技術の差が見えにくいだけです。その技術レベルでは、木星からデータを送ってくるとスピードは一秒間に二ｋビットに落ちます。１／４になります。しかし、ニューホライズン探査機は、実際に木星の距離から、三八ｋビットの速さでデータを送ってきていました。実に二〇倍、一〇倍以上桁違いの開きがあるのです。かつて、我々、宇宙科学研究所は、ＮＡＳＡから、ボイジャーという探査機が、海王星をフライバイした時に、データの受信を打診されたことがありました。しかしＮＡＳＡの技術者は、我々の通信性能の数字を見て、呆然としてしまい、その要求を取り下げてしまいました。その数字、ＮＡＳＡにとっては、一九六〇年代の古代の性能の数字だったからです。とても恥ずかしい思いをしました。その差は縮まるどころか、むしろ拡大している。我々の行っていたことは、よく似た入門機だ。遠く世界水準からは遅れている。そう感じざるを得ませんでした。

昔、研究所の先輩からよく言われたことがあります。先輩方は口の悪い集団でもありました。テニスをしていると、「君、テニスによく似たスポーツをしているじゃないか。」ひどいことを言いますよね。そしてプロジェクトを始めると、「君、プロジェクトによく似た仕事をしているね」と。なんてひどいこと言うのだろうか。そう思っていました。しかし、年齢を重ねてくると、その意味が次第にわかってきたと思います。「君は学校を終えて、学位もとって、なんでも分かっているつもりかもしれないけれど、それはあくまで学んだことだけだ。手取り足取り教えられたものは、容易に身から離れていってしまうものだ。君の知が無知の知であることに早く気づけ」というメッセージだったと思うわけです。私の著書『「はやぶさ」式思考法』*では、人材育成の方法を書かせて頂いています。ISO9000では、ドキュメントに残すことで伝承が行われる、と定めています。しかしそうではない。人材育成は、親方徒弟の関係で進めるべきではないかと思います。弟子は親方の背中越しに、手先を見て、その技術を盗みとる。手取り足取り教えたものではない。でも、そうして盗んでもいい。その技術を自ら獲得したものであればこそ、身から離れないもの

＊『「はやぶさ」式思考法―日本を復活させる24の提言―』
飛鳥新社、2011年刊。

だと思うわけです。人材育成を行う最も有効な方法は、親方徒弟の関係が確立できる環境を構築していくことだと思います。

環境のもつ力

『宇宙探査機』[**]という写真集を監修させて頂いています、この本には、いろんなことが語られています。写真集よりもストーリーの方が興味深いです。そこには、フロントラインに取り組んだ人々が、どのようにして気持ちを切り替えていったのか、そしてどのようにして独創性を発揮することができたのか。そんなストーリーが書かれています。私は、先ほど申し上げましたように、人を育てるのは環境だと思っています。よく聞かれるのですが、子供をどのように教育をしたらよいのでしょうか、と。しかしそれは難しいことではありません、お子さんの周りに一枚の写真や一つの置物が、ずっと何年かの間、そこに置き続けられていたとしたら、それは必ず大きな影響をその子に与えるはずではないか。一枚のサッカー選手の写真でもいい。それが一〇年間、目の前にあって毎日眺めるとしたら、知らず知らずのうちに、その子は、自然にサッカーに興味を持つはずです。それが大きな夢を育むことに繋がるに違いない。そう思います。『宇宙探査機』の序文を書いたのは、ジェ

**『宇宙探査機』
フィリップ・セゲラ著、飛鳥新社、2013年刊。

ームス・オバーグさんというアメリカの評論家でした。出会いは、実は、「はやぶさ」が燃料漏れから行方不明になった、二〇〇五年の一二月にさかのぼります。私たちは、必死で復旧を試みていました。その最中、ジェームス・オバーグさんは、全米に向かってこんな評論を書いたのです。「あの窮地にいる日本の探査機は復旧できないかもしれない。しかし、彼らはたとえ小惑星のサンプル帰還に失敗しても、それ以上に大事な物を持ち帰ったに違いない。それは創造性に満ちた挑戦だ。アメリカNASAは、すっかり挑戦を忘れ、リスクから手を引き、古めかしいことしかできなくなっているではないか。」この言葉が、どんなに我々を励ましてくれたか、そう思います。我々の挑戦を評価してくれる人がいる。しかもアメリカでと思いました。大変ありがたいことだと思いました。勇気づけられました。

致知出版というところから山中伸弥先生*との対談**を出させて頂いております。山中先生も、こうおっしゃられています。「臨床医は言われたことや教科書に書いてあることをその通りにやるのが原則だ。研究は逆に言われたことを言われた通りしているやつはダメだ。教科書を信じる奴は馬鹿だと言われてしまう世界です。」全くその通りだと思います。独創性の追求が、私達が育て上げられた、宇宙科学研究所という研究所の持っている文化だと思うのです。先輩方から受けた衝撃は非常に大きなものでした。どのようにしたら独創

*山中伸弥（1962年生まれ）
やまなか・しんや　京都大学iPS細胞研究所所長・教授。2012年、ノーベル生理学・医学賞受賞。

**『夢を実現する発想法』
致知出版社、2013年刊。

性を発揮させることができるのだろうか。私が得た大きな教訓の一つでした。

いろんな誤解や先入観が人々を惑わしています。宇宙へ出かける方法はロケットと考える、盲信されている方は非常に多いです。しかしロケットの第一段ロケットが飛んでいる高度は低くて、周りには酸素はいっぱいあります。ロケットは推進剤を満載して飛ぶタンカーのようなものです。しかしその推進剤の九〇％の重さは、実は酸素の重さなのです。持って行かなくてもいい酸素が九割を占める。その推進剤を丸ごと抱えて飛ぶ。そんな非効率で不経済な、古代の乗り物です。私はこうお話しています。いつまで人間、宇宙飛行士を、ロケットというミサイルに縛りつけて打ち上げるのか。小学生でも、ここまで来ると分かります。未来の宇宙に出かける方法は、第一段ロケットは、ジェットエンジンに変わっていくはずだ。その通りなのです。極超音速機と言います。やがてスペースプレーンの時代がやってきます。太平洋を二時間でわたる、超高速の乗り物が運航されるようになります。アメリカが日帰りできる時代が来ます。ロケットは今のロケットではなくなる。水平に離着陸をするような乗り物で、宇宙へ出かけるようになるわけです。アメリカや中国は、すでに音速の一〇倍、二〇倍の速さで飛行の実験を始めています。二〇三〇年までに無人機ですが、実用機を就航させるプロジェクトが、アメリカでは始まっているのです。我々の同僚は毎年のように予算要求をするのですがなかなか認められません。経済を立て直すことは重要です。そんな実験なんか行っている余裕はない、ともよく言われます。しかしこの投資を怠っていると数十年後にはどんな世界が待っているのか。今のお子さん達は、中国製の極超音速機に乗って、出張や旅行に行かなければならないのかもしれない。そんな話を聞いて子供達は元気が出せるでしょうか。子供達から元気が出なくなったらおしまいだと思うのです。いつまでもロケットでと考えるのは大きな勘違いです。変人の大先輩のお一人、長友先生*。お亡くなりになられていますが、生前、この言葉を口ぐせにしていました。「見えるものは、みな過去のものである。」これが独創性を追求させる、私が修業中に受けた大きな励ましの一つになっています。ロケットは目の前に見える。それは過去のものだから見えるのです。未来とは、まだ来ないと書く。だから見えていないはずなのです。見なければいけないこと。それは見えていない未来こそである。大きな教訓だと思います。

数年前、日本人三人がノーベル物理学賞を受賞しました。受賞したタイトルは、青色発光ダイオードです。中村さん**、赤崎さん***天野さん****三人が受賞しました。赤崎さんと天野さんは、大学の先生です。ご貢献は新しい半導体を作ったことです。窒化ガリウムの結晶を作りました。しかし当時、世界中の研究者は、違う材料で研究をしていました。その材料は、セレン化亜鉛でした、簡単に青い光が出てくるからです。しかし寿命が短くて、脆弱

**中村修二（1954年生まれ）

なかむら・しゅうじ　電子工学者。カリフォルニア大学教授。日亜化学工業在籍時の1989年から青色LEDの開発を開始、実用化した。

*長友信人（1935-2001年）

ながとも・まこと　宇宙科学研究所名誉教授。

で、製品には程遠いものだったのです。ようやく結晶化に成功して、学会で発表した時、会場には一人しか聞いている人はいなかったそうです。しかしその横のセレン化亜鉛の会場は、立ち見が出て、満員すし詰めの状態でした。いろんなことを考えさせられます。天才とは、凡人が不可能と思っていることに果敢に挑戦する。なぜなら彼らにこそ、未来、まだ来ないものが見えていたからです。中国の古典にこんな言葉があります。「愚者は正事に暗く、智者は未萌を見る」という言葉です。賢者たるものは、物事が形になって現れてくる前にそれを見ることができる、ということです。先ほどのエピソードにちなんで言えば、ほとんどの人がそう思っていることが実を結ぶとは限らない。自分だけしかそう考えていないのではないか。あるいは自分の会社しかそう考えていないのではないか。若い人、ベンチャーの会社の会の講演会に出かけると、そんな質問を受けることがあります。しかし、私はこうお話をしています。そういうものがあったら、それはチャンスと思ったらどうでしょうか。それは大きなイノベーションに通ずるかもしれない。いろいろ不安に思う必要はないのではないでしょうか。そんな風に励ましをさせて頂いています。

直木賞を受賞した川越*****さんの作品に、「熱源」という作品があります。樺太や北海道を舞台に、同化政策という名の迫害に耐えながら、南極観測隊にも参加したアイヌの人たちの生き様を描いた作品です。「私たちは滅びゆく民と言われることがあります。しかし決し

***赤﨑勇（1929年生まれ）
あかさき・いさむ　半導体工学者。名城大学大学院理工学研究科終身教授。天野浩と共に青色LEDに必要な高品質結晶創製技術の発明に成功。

****天野浩（1960年生まれ）
あまの・ひろし　電子工学者。名古屋大学特別教授、同大学赤﨑記念研究センター長。

て滅びません。」小説の最終章には、一九四五年の夏の物語が書かれています。日本の降伏後も、樺太へ侵攻を続けたソ連の戦車の前に、アイヌの女性が立ちはだかり、国を護ろうとする。沖縄や北海道の、こうした少数派の人々の犠牲があってこそ、今日の日本と世界の繁栄があることを忘れてはいけないのです。多様性を認めていかなくてはいけません。多数派でいることが、常に正義ではない。多くの人が信じていることだけが正しいことはないのです。独創的でいること、独自でいることを恥ずかしく思わなくてよい、ということをお伝えしたいと思います。私たちの先輩方が変人であったこと。彼らは、けっして多数派でありたかったわけではないということです。

太宰*の「富嶽百景」という小説に出てきます。「富士には月見草がよく似合う。」老婆は「おや、月見草。」そう言って路傍の一箇所を指差した。ちらと一目見た黄金色の月見草の花一つ。三七七八メートルの富士の山と、立派に相対峙し、微塵も揺るがず。富士には月見草がよく似合う。これは情景描写です。しかしこの文章が綴られた状況が解説されています。太宰は悩んでいました。自分は果たしてやっていけるのだろうか。自殺未遂などを重ね、芥川賞もとれず苦しんでいた。弱そうに見えるけれどもあの月見草。立派に相対峙し、微塵も揺るがず。自分もそうありたい。そうならなければならない。不安に思うことはない。自信を持ってとりくんでいこう。と気持ちを切り替えた時に、この文章が綴られ

*****川越宗一（1978年生まれ）
かわごえ・そういち　第162回直木三十五賞受賞。『熱源』で第9回本屋が選ぶ時代小説大賞を受賞。

*太宰治（1909-1948年）
だざい おさむ　主な作品に『走れメロス』、『人間失格』、『斜陽』など。

た、と解説されています。この解説には大事なことが語られています。自信というのは誰かから授かるものではない。この点が重要なところです。自信を持ってとりくむこと。変人達は自信家の集団でありました。実は、ここにそのヒントがあります。

全国各地でタウンミーティングを開かせて頂いています。経済こそがと、やはり言われることがあります。そんな時にこんなお話をしています。アメリカは、シカゴ郊外にある、通称フェルミ研究所。**初代所長のロバート・ウィルソン***は、ある機械、加速器を作る時に、反対派の議員からこう言われた。そんな加速器なんて機械で、国が護れるのか？　何の価値も無いではないか。何の役に立つのか？　まるで事業仕分けそのものとでもいいましょうか。その時、ロバート・ウィルソンはこう答えた。しかしこの加速器という機械で、護るべき価値のある国を作ることができる。これが、科学技術の進歩を目指す大きな理由でもあると思うのです。護ることが目的ではない。護ることは手段にすぎない。目的は価値のある国を創ることだ。国民が自分の国の将来に、確かな自信と明るい展望を持てるのかどうか。これが価値のある国を作るキーワードだと思います。夢が叶ったら、飯が食えるようになるのだろうか。科学技術が進歩したら経済は良くなるのか。私はこんな風に答えさせて頂いています。夢も見ることができなくなって飯が食えるだろうか。あの国はコピーしか作れない国だ。そう思われたら、侮られていくばかりです。あの国は、未萌を発揮

**フェルミ国立加速器研究所

Fermi National Accelerator Laboratory
米国エネルギー省の国立高エネルギー物理学研究所。

***ロバート・ウィルソン
（1914-2000年）

Robert Rathbun Wilson　物理学者。マンハッタン計画でグループリーダーを務め、フェルミ国立加速器研究所を企画、建設した。

できるかもしれない。そう思われるからこそ、一目を置かれた存在になっていく。これが、いわば安全保障でもあると思います。

版画家の棟方志功。* こんな言葉を残しています。「師匠についたら、師匠以上のものは創れない。ゴッホだって我流だったじゃないか。日本生まれの仕事がしたい。私で始まる世界を持ちたいものだ、と生意気に考えていました。」大事なことですね。オリジナリティの発揮こそが、ということです。六代目三遊亭圓生**も、こう言っています。「若い時は師匠の真似をしなくちゃいけない。しかしそのままだったら、そりゃ借り物だ。芸じゃない。」棋士の升田幸三***も言っています。「私の将棋は、常に動いてやまない。無限に変わる余地がある。将棋を私は創作だと思っている。」多くの方々が語っていること。それは独創性の発揮の大切さです。それこそが「見えるものは皆過去のものである」という、修業時代に受けた言葉と繋がるわけです。

一九九五年「はやぶさ」(MUSES-C)プロジェクトを政府に提案する時、宇宙研の中にも競争相手がいました。そのプロジェクトの名前は、ASTRO-Fと言います。赤外線の天文衛星です。現在、そのASTRO-Fは「あかり」という名前の天文衛星として打ち上げられ、運用が続けられています。その代表のリーダーであった奥田先生からこんな言葉をいただいたのです。不思議な言葉でした。「MUSES-C(「はやぶさ」)プロジェクトにならなら負

＊棟方志功(1903-1975年)
むなかた・しこう　青森県出身。20世紀の美術を代表する世界的巨匠の一人。

＊＊6代目三遊亭圓生(1900-1979年)
さんゆうてい・えんしょう　昭和の落語界を代表する名人の一人。

けてもいい」とおっしゃられたのです。すごく嬉しかった。「はやぶさ」のプロジェクト、そのオリジナリティの価値、貴重さを評価していただいたからです。探査対象は、最初は1989MLという名の小惑星でした。しかし我々の打ち上げのその前年、ASTRO-Eという衛星の打ち上げが失敗してしまいました。惑星探査機は、いつでも打ち上げられるわけではありません。まるまる五年遅らせて待たなくてはいけないのか。別の小惑星は狙えないのだろうか。それまでは組みこまれていなかった、地球スイングバイを採り入れて、新たな飛行計画を考えだしました。その結果得られた探査対象が、小惑星イトカワだったのです。当時、ASTRO-Fの他にも、月探査計画LUNAR-A計画が打ち上げの順番を待っていました。しかしリーダーの水谷先生からは、こう言われたのです。「(代替の)飛行計画を考えついちゃったんだから、仕方ないね」と。多くの理解者の存在があってこそ、「はやぶさ」計画は走りだせたわけです。

糸川英夫博士****。日本のロケットの父と呼ばれています。一九五〇年代から、小さなロケットを打ち上げる活動を始めていました。秋田県の道川海岸から、日本海に向けて小さなロケットを打ち上げていました。「このままロケットを日本海で打ち上げていると、やがて距離が伸びて、ソ連に届いてしまうかもしれない。」糸川英夫博士は全国各地を歩いて、新たな発射場を探して歩きました。そして糸川博士は、鹿児島県は、太平洋側の大隅半島

****糸川英夫(1912-1999年)
いとかわ・ひでお　ペンシルロケットに始まるロケット開発や宇宙開発を先導し、「日本の宇宙開発・ロケット開発の父」と呼ばれる。

***升田幸三(1918-1991年)
ますだ・こうぞう　大山康晴と戦後将棋界で覇を競った。

にある内之浦という町へたどり着きました。内之浦は陸の孤島と呼ばれていました、糸川先生は、鹿屋で、タクシーをチャーターしようとしましたが、乗車拒否にあってしまいました。タクシーの運転手はこう言ったのです。「あんな道が悪い所には行きたくない。車が壊れてしまう。」乗車を拒否してしまいました。しかし糸川教授は諦めなかった。渋る運転手を助手席に座らせて、自らハンドルを握って出かけました。町で出迎えていた町長さんは、まさか運転している人が、糸川教授だとは思わなかった。こういうエピソードがあります。誰かがお膳立てをしてくれたから、プロジェクトが走り出すわけではない。自らが切り拓いてこそ。これが大きな教訓でもあります。小さな研究所で修業したからこそ、何でもやらなくてはいけない。そういう経験が体得できたのだと思っています。

人材育成のポイント

人材育成の宿命、二代目は、その宿命を克服していかなくてはいけません。成果を伸ばしていくためには、二代目がさらに成果を重ねていかなくてはいけません。大抵の会社は、数十年の社歴止まりです。四〇年、五〇年の間は、創業者の意欲で会社は維持できるものです。しかし二代目がそれをどのように継承するのかで、会社のその後の運命が支配されます。ここが一番大きな問題です。二代目は一代目の偉業を尊敬すればするほど、その内側で生きていこうと宣言をしてしまいます。先代方のお名前を、先輩方のお名前を汚さないように、と始めたとしたら、それはその内側で生きていく、守りの姿勢に入ってしまうわけです。一〇〇年続く会社は稀です。このためです。二代目の危機をどう乗り越えていくのか。退職近くなると、初めて人材育成の重要性を純粋に認識するものだと思います。入社した時には、ぺいぺいだった。しかし、ある人が、もし四〇年間勤め上げて会社を退職するとしましょう。その退職の瞬間、振り返ってみると驚くべきことに気がつくのです。なんと社歴の大部分を支えた主役は、自分だったのだなと。もちろんその時点から人材育成に取り組んだとしても、昇給があるわけでもないし、そして改めて役職が割り振られるわけでもない。しかし人材育成の重要性を純粋に認識してしまう。同じ苦労はかけたくない。もっと成果を伸ばして欲しい。自分たちを超えて欲しいと思うのです。これが人材育成の純粋なアプローチでしょう。

二代目は、ロードマップを作りたがる。型を破れない人が続出してしまう。枠を、天井を作ろうとする。安心したいのでしょう。シニアの心、なかなかジュニアに伝えるのは難しいことです。しかし、少子化の最中、これを行っていかなくてはいけない、伝えていかなければいけません。その鍵はどこにあるでしょうか。一代目の引き際にポイントがあると思います。私は、実際「はやぶさ2」のプロジェクトからは身を引いています。言うまでもないことです。自分自身に才能があるし、そしてまた自分自身も携わりたいと思う。しかし私がプロジェクトを率いたまま退職を迎えると、成果は鋸の歯のように繰り返すばかりで、伸びていきません。しかし、一代目が早めに身を引いて、現場を通した共同作業で取り組む。そうすることで、技術や経験が伝承されていく。親方徒弟の関係が、現場で実現できるよう、環境づくりに取り組まなければいけないと思います。そのためには一代目の引き際がポイントだと思います。高橋大輔*は二〇一九年全日本の演技で二位になり、復活の演技を披露しました。しかし高橋大輔は世界選手権の出場を辞退しました。「三二歳で、この先、希望があるかと言うと正直ないと思う。若い選手がプレッシャーのかかる大きな大会で経験を積む。舞台を経験する必要性の方が大きいと感じます。」素晴らしいことです。一代目の引き際ということを、よく心得ていらっしゃる。人材育成は、「植福」という言葉で形容されるべきだと思います。幸田露伴**の努力論には、幸福三説が掲げられています。惜福。福は惜しんで使いなさい。分福。福は分かち合いなさい。そして植福。福を植えることとです。自分の持っている福。つまり自分の力や知識や経験を次の世代や将来の人の幸福のために提供することです。これが人材育成の目指すところでもあると思います。

＊高橋大輔（1986年生まれ）

たかはし・だいすけ　フィギュアスケート選手。2000年代から2010年代にかけて活躍した。

＊＊幸田露伴（1867-1947年）

こうだ・ろはん　擬古典主義の代表的小説家。

「嚢中の錐《きり》たれ」という言葉があります。趙から楚に使者が出されることになりました。使者は、平原君という方です。平原君は食客（居候）から二〇人のメンバーを選ぶことになりました。二〇人目が決まらなかったのです。その時、毛遂という人物が、自薦して名乗り出てきました。平原君は、でもこういうのです。「君の名前は聞いたことがない。嚢中の錐だったら、おのずと聞こえていたはずだ。」すごく厳しい言葉です。しかし毛遂は諦めなかった。「だから今回嚢中に入りたいのです」と。毛遂は、結局大きな働きをしました。平原君は反省をしました。「私は嚀に頼ろうとした。」ここには、二つのエピソードが含まれています。もちろん「嚢中の錐たれ」、という言葉。切磋琢磨して、研鑽に努めよという励ましです。しかしもう一方の言葉、「私は嚀に頼ろうとした」は、違う意味を持っています。それは人を育てる者、人を見る眼を持つべし、という教訓です。才能やそして努力を見抜いてあげること。それが人材育成の大きなポイントです。

私は若い方にこんな言葉をかけることがあります。「本当に機が熟すことはあるのだろうか。」「人生は短いよ」ということです。しょぼいプロジェクトの一部を担当させられた上、あなたにもいくらでもチャンスがあったでしょうに、などと言われたとしたら、当事者にとっては甚だ不本意なことかもしれません。その通りです。でも嚢中の錐たれたのか？　と自身が反芻してみることも必要だと思うのです。チャンスが回ってこなかったのは、囊中の錐でなかったからかもしれない。ダボハゼみたいに、という言葉が使われることがあります。なんでもかんでも手当たり次第に手を出す輩のことを指しています。若い時にはチャンスを待て、です。自分の能力を最も発揮できる年齢、それは、私は三〇代の末から四〇ぐらいではないかと思います。人間の能力、身体的、肉体的な能力というのはどんどん衰えていきます。体力もなくなる、目も見えなくなる、記憶力は悪くなる、耳も聞こえなくなる。しかし年齢を重ねていくと、一つだけ伸びていくものがある。それは経験の蓄積です。どんなに優秀な若い人だって、有人月着陸を一気にできるわけはありません。経験をベースにしてこそ、です。人間の総合能力は、ある時にピークを迎えます。そのピークたる年齢を過ぎてしまったならばチャンスを待つのではない。ダボハゼでも良い。どんどんあらゆるものに挑戦していく選択をしていかなくてはいけないと思います。積極性を追求する姿勢を規制していてはいけません。

日本では、自らを規制する考え方が非常に、はびこっていると思います。夏目漱石の『草枕』の冒頭には、こう書かれています。「意地を通せば窮屈だ。とかくに世の中は住みにくい。」所詮、ルールとは、人が作ったもの。ルールを盲信する必要はない。新しいことをするならば、一旦、その規制を外して考えてみたらどうでしょうか。日本は注意書き大国です。たくさんの張り紙が貼ってあって、そしてたくさんの注意書きが書いてあります。

エレベーターもそうです。行き先ボタンを押してください。緊急ボタンには触らないでください。跳ねたりしないでください。色々です。たくさんの注意書きが書いてあると、日本人はこれは確かなものではないか、そんな風に判断するわけです。知らず知らずのうちにルールづけにされていきます。職務を全うすることが本務だと誤解する人が続出します。「はやぶさ」でも信じられない経験がありました。ミネルバという着陸機を、小惑星表面に投下しようとした前夜、電話がかかってきました。「まさか、その着陸機から電波が出るわけじゃないでしょうね。イトカワでの電波の申請はしたのですか？」「はやぶさ」が地球に帰ってくる前に電子メールがきました。「はやぶさ」に与えた電波の免許は、深宇宙での免許だ。免許を交付した時の法律では、深宇宙とは、月の外側だと書いてある。まさか月の内側にはいってきて、電波は出ませんよね？と念を押す人がいます。その人に一体何の得があるだろうか。最初はたくさんの芽出しの活動を囲むように法律、規制そしてガイドラインが作られます。しかしいったんそれらが出来上がると、日本では恐ろしいことが始まります。すべてはその内側から考え始めよ。規制の内側から考え始めろと強制をされてしまう。そしてそれを当然だと受け入れてしまう日本人がそこにいる。恐ろしいことです。新しいことをしようと思ったら、まず規制がなかったら何ができるのかを考えてみるべきだと思います。

規制は未来永劫続くものではありません。絶対に崩れないと思われていたベルリンの壁も五〇年もたずに崩壊しました。数十年という期間で考えたら、どんな規制も変わってしまうはずなのです。宇宙研の先輩方、変人達はルールを変える行動にさえ出ていました。火薬類の取扱いには保安距離が定められています。当時、固体ロケットには、盲目的に火薬類の保安距離がそのまま適用されていました。そういうガイドラインがあったのです。燃焼速度は、ダイナマイトでは一秒間に八〇〇〇メートルの速さに到達します。が、固体燃料は一秒間に一〇ミリぐらいの速さでしか燃えないのです。したがって同じルールが適用されていいわけはありません。ダイナマイトと違って固体ロケットは爆発しないのです。先輩たちは、その変人たちの集団は、新しいロケットの開発を始めるにあたって、「じゃ実験して、その安全性を証明しようじゃないか。」規制を見直してもらおう、という行動にも出ていきました。考えられないことですね。普通の方々にとっては。ルールは変えられるものだ。これは学校で教えられることは、けっしてないことです。

ポリシー先行の考え方

オバマ*大統領は、退任の一年前、ある法律に署名をしました。宇宙資源に関する米国の

＊**バラク・オバマ**（1961 年生まれ）

Barack Hussein Obama II　第 44 代アメリカ合衆国大統領。ノーベル平和賞を受賞。

権利の確保という法律です。「小惑星または月面で、米国籍の個人または企業が発見した資源は、その発見者に権利が帰属し、発見者の自由にできる」と定めている。とんでもないことを言うなと思われるかもしれません。宇宙の利用に関する国際協定、月協定を、アメリカは批准していません。先進国はどこも批准していません。月協定自体は大変進歩的な内容で構成されています。先駆的な貢献をした国や組織には応分の権利が認められると書いてある。だから本来であれば先進国も批准して良いものともいえます。しかし規制を受けたくない先進国は、自由度を残しておこうと思って批准しないでいるわけです。その法律と署名。世界中の法律学者からは賛美の声が上がりました。オバマ大統領が署名した、その法律は、米国が批准していなかった月協定に則ったものだったからです。日本でこういう議論が始まると、おそらくは、国際合意が先だという思考パターンに入っていくはずです。国際合意を待てというパターンに入っていく。それが国際的にリーダーシップをとれない根幹です。「はやぶさ」が帰還した時に発信したメッセージは簡単です。宇宙から資源は持ち帰られる、です。これをきっかけに欧米にはたくさんの宇宙不動産会社ができました。しかし日本には一社もできないのです。いずれ国際合意ができる。その時に応分の権利の主張に出遅れないようにしようという、自らを先取りする考え方がとれないでいるわけです。自らのポリシーを定めて行動に出るべきです。

日本人は、とりあえず知っていることだけをしがちです。ある国際高校生キャンプ。最初にトレンチを掘り、ペグを打ってテントの柱を建てようと、行動に出るのは、東アジアの学生です。しかしヨーロッパの学生は、ディスカッションばかりしている。そしてあるべき姿と建てた後の利用運営方法を議論している。テントの柱が立ち上がると、ヨーロッパの学生が正面に立ち上がり、そしてポリシーを語り始める。最終的に仕切るのはヨーロッパの学生になってしまう。アジアの学生は、良く言えば実務的、悪く言えば下請けの作業に追われてしまう。なぜ東アジアの学生は、動けるのか、動き出そうとするのか。それは見えていることとしかしないからです。見えていること、分かっていることだけを行おうとする。そうすることで、少なくても誰からも後ろ指をさされることはない。だから行動に出られる、出るわけです。無理もないことです。一〇〇〇年二〇〇〇年にわたる異文化、異教徒との抗争の歴史が、ポリシーの建て方、受け入れをするソルーションを模索させる行動に駆り立てている。外交下手な日本。ポリシー先行のリーダーシップをとれないのはこのせいです。取りくむのは結構ですが、知っていることだけをしても評価はされない。知らないことにでも、やれるという理由を見つけて、取りくんでいかなくてはいけません。自信を持って取りくんでいくのです。

修業時代に、こんなことを言われました。「プランBの選択」についてです。よくこんな意見を聞きます。「最悪の場合は、そうしますが」と。そのスケジュール。予定通り進む確率はどのくらいか？と尋ねられたら、その確率は実はゼロだと答えなくてはいけません。スケジュールは、確率一〇〇％で、必ず遅れるものだからです。予定通り進むのは理想です。「最悪はそうなっても仕方がないと思いますが、今は最善の努力で、こうさせて欲しい」という人は多いです。しかしそう思えるくらいなら、最初から、その選択肢、プランBを採れでもあります。どの世界でも、プロジェクトに潤沢なリソースが与えられることはありません。プロジェクトは、有限のリソースで進めるべき宿命を背負っています。お金はこのぐらいしかない。時間はこのぐらいしかない。人はこれだけしか割けない。その三重苦の中で、一歩でも前進を図る取り組み。それがプロジェクトです。だから、どんどん前進をしてはかって行かなくてはいけない。たとえ次善の策でも選択して行かなくてはいけない、ということです。小さな研究所で大きなプロジェクトを転がしていくこと。それは優柔不断で構えることではなく、どんどん実践して歩かなくてはいけない。そう悟りました。

救われた言葉

プロジェクトを進めていくうちに、私は多くの言葉も得ました。研究所の先輩からこう言われたことがありました。「しばらくは、後ろ向きのことをしてもらうけどな」と。これは、あるロケットの打ち上げが失敗に終わった時の事です。私はその肝心な部分の担当でした。上司はそれを責めるのではなく、君の本来取りくむべきことは、前向きなものだよと声をかけてくれたのです。ありがたい言葉だったと思います。「何が悪くて失敗したかは、担当者が一番よくわかっている。」事故原因の究明の議論の最中、私たち担当グループは、原因に気付けなかった事を執拗に指摘され続けました。ある大学の専門家の委員が、この言葉で救ってくれたのです。ありがたいことです。「はやぶさ」プロジェクトの始まりは一九九六年でした。一九九五年の阪神大震災が起きた前日、私たちはあるロケットの打ち上げに失敗をしたのです。もう「はやぶさ」(MUSES-C) プロジェクトは来年から始まるという時でした。先輩方は、君は失敗原因だけに取りくんではいけないのだぞ、次の新しいプロジェクトに挑戦してみよ、と声をかけてくれました。これがあってこそ「はやぶさ」プロジェクトが走り出せたと思います。

ある探査機でのことです。「はやぶさ」ではありません。最終整備するセンサーのデータをディスプレイで見ながら、担当エンジニアはこうつぶやきました。「このセンサー、ノイズが多いな。でも何とかなると思うが。」彼はデータの質を気にしていました。打ち上げられた後、送られてきたデータを見ると何かがおかしいのです。辻褄の合わないデータが送られてきて、みな頭を抱えました。散々検討した挙句、衝撃の事実が判明しました。なんとセンサーが上下逆さまについていた。現場に足を運べば、すぐわかったことです。ラベルが逆になっている。コネクターも逆になっている。しかしデータを回線で受けて、ディスプレイでディジタル値を見ているだけのエンジニアには、決して気づくことはない。現場に足を運んでおくことが重要です。札幌で講演をしました。MCをされていた女性のアナウンサーは気象予報士でもありました。彼女からも、貴重なお話を聞きました。彼女、ある日天気予報を読んだ。「今日は好天に恵まれるでしょう。」そう読み終えた後、スタジオの窓に目をやったのです。外は雨が降っていました。気象予報士の現場は、空です。現場を見ないで、字面だけ読んでいると、とんでもない間違いをしてしまうものです。プロジェクトの第一歩は、現場に足を運んで極性を確かめることです。多くの修業の中で得た、基本中の基本です。

棟方志功、自伝を書いています。そのあとがきに、草野心平が詩を寄せています。「ゴッホになろうと上京してきた貧乏青年は、しかし、ゴッホにはならずに世界の棟方になった」です。私が、若い方に向けて、心に留めて欲しい言葉としてお話ししている言葉。それは、セレンディピティ（serendipity）という言葉です。思いがけず発見をしてしまうという意味です。それが科学技術、芸術をドライブしていく大きな力です。導電性プラスチックを発見された白川先生*。そのご功績は、学生の大間違いの実験から始まりました。ポリアセチレンという黒い粉末ができる実験でした。しかし学生さんは大間違いをしました。触媒の濃度を一千倍間違えたのです。演習ですから、やり方は全て書いてあって、出来上がるものも書いてある。だから、極端にいえば、やらなくてもよい実験だったかもしれません。しかしその大間違いの実験で得られたものは、ピカピカ光る樹脂でした。その樹脂に電流が流れたのです。もし、この大間違いの実験をやらなかったら、この大発見は生まれなかった。脳科学者の茂木健一郎**さんもおっしゃっています。私もそうです。セレンディピティの発揮には、三要素があるのではないか。その三要素とは、「行動」と「気づき」と「受容」です。行動。やってみなくては分からないではないか。そんな実験、やり方も書いてあるからやらなくてもよいのではないか？　そうではないのです。そして気づくこと。観察眼の問題ですね。そして受容。受け入れてみることです。想定外のことが出てきても、それをまずは受け入れてみることです。この三要素があれば、どなたにもセレンディピティに出会えるということです。

石坂洋次郎***の小説に、「孕《はら》んでいる未完成」という言葉が出てきます。石坂は健全な文学を志し、第一四回菊池寛賞を受賞しました。石坂は健全な作家というレッテルに反発し、受賞パーティの席上でこう言い放ちました。「美しいバラの花だって、地中に根を這わせ

*白川英樹（1936年生まれ）

しらかわ・ひでき　化学者。「導電性高分子の発見と発展」により、ノーベル化学賞を受賞。

**茂木健一郎（1962年生まれ）

もぎ・けんいちろう　脳科学者。ソニーコンピュータサイエンス研究所上級研究員。

ている。きれいな乾いたサラサラした砂地では、どんなきれいな花も育つはずはないし、咲くはずもないだろう。」現実は、そんな甘いものじゃない。未完成とのドロドロとした葛藤、環境あってこその作品だと述べたかったのだろうと思います。『若い人』に出てくる一節です。「小さな完成よりも、あなたの孕んでいる未完成の方がはるかに大きなものがあることを忘れてはならない。」不完全であることを怖れなくてよいということです。不完全であるからこそ、発展があると思うことが大切です。勇気づけられる言葉だと思います。

不完全でも前進を

私は小学生の頃、漫画つきの理科に関した本を読んでいました。ガガーリンの「地球は青かった」という映画を見に行きました。小学校低学年の頃は、知ったかぶりで、模造紙に遠心力と重力のつり合いなどという研究発表もしていました。暦が気に入らなくて、ユリウス暦(現代の太陽暦)を改良するような考察もしていました。もちろんできたわけはありません。月毎の日数が同じでないことを非常に不思議に思っていて、気に入らなったのです。とりあえず、何かを行うこと。基礎、予備知識を学んでから、という必要はないのだと思います。すぐにやってみればよい。

***石坂洋次郎(1900-1986年)

いしざか・ようじろう　戦後、『青い山脈』をはじめとする青春物で人気を博した小説家。

慶応大学で講演すると、学生さんからこんな質問を受けました。「先生は、新しいもの、創造と言うけれども、既に多くの技術で製品が作られて出回ってしまっているじゃないですか。膨大に文献や本を読まなくてはいけないのではないでしょうか、そんなことを考えたら、閉塞を感じてしまいます。どんな風に勉強しておいたらよいのでしょうか？」これは典型的な日本人学生病です。こう回答させていただきました。「いつの時代でも、さあこれをやればイノベーションになる、なんてことがあらかじめ用意されているはずはないのです。過去を蓄積して準備しておこうと考えるのは誤りです」と。私が申し上げたいことは、人生をピラミッドの土台作りで終わるな、です。よくこんな方がいらっしゃいます。「私はこの人生を、ピラミッドの土台作り、広い隅々までしっかりと踏み固められた土台作りに捧げよう。」素晴らしいことです。しかし目指すべきは、そうでないと思います。時に頭を上げて、見上げるべきは高い塔です。ピラミッドは頂点があってこそピラミッドです。細い竹竿のようなタワーでよいのです。頼りなく思うかもしれませんが、それが、やがて太って大きな土台に育っていくのです。隅々まで踏み固められた土台は要りません。竹竿を建てるところだけ踏み固められていたら、さっさと竹竿を立てて歩けばよい。完全な準備を目指す必要はありません。不完全を恐れなくてもよいということです。

「人生が夢を作るんじゃない。夢が人生を作るんだ。」これはあの大谷翔平*の言葉です。

***大谷翔平**（1994年生まれ）

おおたに・しょうへい　プロ野球選手。MLBのロサンゼルス・エンゼルス所属。「二刀流」の選手として日米で活躍。

ご自身で考えたとしたら、素晴らしいことです。こんな学生さんもおられます。「私は、将来宇宙開発に携わりたいのです。しかし私は文系なのですが」と。間違っています。走った先にゴールがあるのでしょうかと聞いておられる。そうではないのです。ゴールをめがけて走らなくてはいけないのです。順番を間違えるな、と申し上げたい。夢、心がけが人生をつくるのです。

かつてＪＲの車内で流れていた広告に、こんなものがありました。「どうして日本人は英語が上達しないのか。」答えの一つにあったのはこんな言葉です。「日本人は完璧主義者で、今見ているページを一〇〇％理解しないと、次のページ移ろうとしないからだ」と。もちろん宇宙探査も例外ではありません。人文社会系にも通ずることです。私が申し上げたいこと。それは、「新たなページを開かないと、より広い世界はけっして見えてこない」です。今見ているページをめくるには勇気が要ります。不完全かもしれない。不十分かもしれない。でも不完全であっても次のページは必ずめくらなくてはいけません。新しいページを見ないでいることのリスクの方がはるかに大きいのです。不完全を恐れる必要はないのです。

プロジェクトは自身がひらくこと

講演に行くととんでもなく、難しい質問を受けます。「ダメ出しばかりで、リスクをとらない組織で、新たな挑戦を勝ちとる方策は何でしょうか？　先生。」こんな質問に簡単に答えられるくらいならば誰も苦労はしません。ただ、私は「はやぶさ」については、多少お話することができると思います。「はやぶさ」は新技術のてんこ盛りでした。カプセルを回収する場所としては、一〇〇キロメートル四方の場所が必要です。日本国内では、当然、確保できません。お役所は、こう言います。「だったら、だめじゃないですか。」提案した時、実は、回収場所をこんな風に説明していました。それは南極大陸で、と提案をしたのです。南極大陸は、どの国も領土権を主張できません。そして広大な場所が自由に利用可能です。それで、とりあえず、提案を進めました。一方、どんどんNASAに出かけて行って、共同の枠組みを作りました。全く非公式の協議です。誰からも行けと言われたわけではないし、国際的な公式な場でもありません。どんどん出かけて行きました。出かけるなとは、言われていませんでしたからね。そして、アメリカ国内で回収場所の提供と回収作業への支援を求めました。バーターで「はやぶさ」探査機がNASAの小型ローバー*の

*ローバー

rover　移動探査車。

ペイロード**を小惑星に運びましょう、という相談をしました。そうやって議事録を作りました。そしてお役所に説明をしていったのです。すでに先方とは、こういう協議をしています、と説明をすることで、ダメ出しをさせないという方法をとったのです。回収カプセルの方はもっと厳しかった。ご存知でしょうか。日本は、「はやぶさ」プロジェクトを立ち上げた当時は、地球周回軌道上からペイロードを回収したことさえ、一度もなかったのです。だからカプセル、熱防御技術は全くありませんでした。せいぜい、弾道飛行する観測ロケットで、高度二〇〇キロメートル―三〇〇キロメートルから海上にペイロードを落として、それをヘリコプターで回収していた程度でした。それでも、成功率は、なお五分五分という状態だったのです。そんな研究所の技術レベルの有様でありながら、我々は、地球周回軌道上からどころか、太陽を回る軌道から、直接に地球の大気圏にカプセルを再突入させて、回収させると提案したのです。

　当然、当時は、超耐熱防御できるカプセル技術を持っていません。大陸間弾道ミサイルの弾頭に使うような技術です。もちろん防衛技術ですから輸出入は禁止されています。ですから、そのまま提案をして説明をしても、お役所からはきっとこう言われる。「だったら駄目じゃないですか。」どうしたのか？　まず、やはりＮＡＳＡに出向いたのです。同じですね。ＮＡＳＡの持つ、世界最大の巨大加熱風洞で実験をさせてくれと提案をしました。

**ペイロード

paylord　器材。

そのバーターで、こんな条件を提示しました。「はやぶさ」が持ち帰るかもしれない、サンプル、試料の何割かを、永久にNASAに提供しますよ、と。すごいことですよね。文字通り、「獲らぬタヌキ」です。手元にサンプルがあったわけではないのです。でもこのバーターに同意してもらい、最終的に、その巨大加熱風洞で実験をさせてもらえました。そしてカプセルの耐熱材料が開発されたのです。科学技術が進歩すると、自然にプロジェクトをやらせてもらえるようになるのか。否。そんな単純なことではありません。最もプロジェクトを進める大事な極意は、自らが切り拓いて、そしてどんどん交渉していかなくてはいけない、という点に、ポイントがあります。やったことがなくても、こうすればできるじゃないか、と信ずることです。こんなことは、学校で教えられるわけはありません。親方徒弟の関係があって成立することです。現場を通した共同作業でこそ精神の持ち方を学んだと思います。

新渡戸稲造*は、全国各地に書を残しています。Haste Not Rest Not.「急がずたゆまず」と言う言葉。私は子育ての本を出しています。その中でこう語らせて頂いています。「三日坊主のすすめ」です。「もっと辛抱したら」、「粘れ」、「しがみついてでも」とか、そんな言葉で激励することが多いです。しかし気の持ちようではないでしょうか。三日坊主はよいことではないでしょうか。なんたって、二日も頑張ったじゃないか。そして展開がひらけ

＊新渡戸稲造（1862–1933年）

にとべ・いなぞう　教育者・思想家。農業経済学・農学の研究も行っていた。東京女子大学初代学長。

ない状況を打破するために、新たなページを探しに行くとしたら、それは良いことではないでしょうか。大事なことは二日も頑張るということですよね。一日目で次に手を出してはいけない。でも二日も頑張ったなら、次には新しい方法を考えてみたらどうでしょうか、ということです。「拙速は巧遅に勝る」のだと思います。兵法に出てきます。小田原評定がよいわけではないのです。

独創性を発揮するための極意

誰もが学びから脱皮する時が来ます。学校で習うこと、それは、ノウハウ、やり方を教わることだけです。いずれ学びからの転換が必要になってきます。学びのプロになることは簡単です。それは教材を学習すればよいのです。しかし学習から新しいことは生まれません。手取り足取り教えられたことからは、新しいことは生まれない。コーチを超えることはありません。散々に学業を重ねて社会に出る。しかし、やがてまた学校に戻ってくる方がたくさんおられます。そうではないのです。学校には、けっして戻ってきてはいけません。必ず学びから脱皮しなくてはいけません。私の修業時代は、学びから脱皮した期間、大学院時代にあるかもしれません。ＮＨＫの元解説者の池上彰**さんから、こんな言葉を聞

**池上彰（1950 年生まれ）

いけがみ・あきら　ジャーナリスト。名城大学教授、東京工業大学特命教授。

いたことがあります。当事、社内では、プロデューサーが過去の番組を閲覧できるようになっていたそうです。しかし、その閲覧機には、こう書いてありました。「いくら見てもそれは過去の番組です。これから作る番組を見ることはできません。」プロデューサーたるもの、過去は見るな、ということでしょうか。私は進学してくる大学院学生にこういいます。「教科書や論文には、過去しか書いていない。いくら読んだって新しいことはできない」、と。そのうち、これに気づく時がきます。学生はギョッとした顔をするのです。教科書に価値がない。論文に価値がないなんて聞いたことがない。でも必ず気が付かなくてはいけないのです。独創性を発揮するための極意です。

その子育ての本では、私は、宇宙飛行士を育ててはいけないと、書きました。ちょっと怒られちゃうかもしれませんね。宇宙飛行士は、非の打ちどころがない。傑作です。その通りです。でも彼らに求められることは、マニュアルと対処法の訓練。その完全な習得こそが彼らのゴールです。宇宙飛行士は、自由に独創性を発揮してはいけないのです。いわば学習の頂点にあります。創造性とは対極にある。宇宙飛行士に育てるとは、偉大な凡人を育てることではないか。人材育成とは非凡な変人を産むことではないかと思うわけです。車も角がないと滑って進めなくなってしまうものです。前進するためには、思いっきり角があった方がよいのではないか。変人になることのススメでもあります。瀬戸内寂聴さんは、こう言っています。「美は乱調にあり。」そうです。まず一芸に秀でてみることが必要です。それで解決能力を見つける。非常に有効な方法であると思います。

「はやぶさ」の成功。アメリカではこう報道されています。「「はやぶさ」は世界で二番目に他の惑星から帰還した探査機だ、一番はＮＡＳＡだけどね。」「おめでとう。「はやぶさ」は世界で二番目に他の惑星から試料を帰還させた探査機だ。だけど一番はＮＡＳＡだけどね。」もちろん正しくはないのです。着陸して試料を帰還させたのは、「はやぶさ」こそで、世界初の飛行でした。しかしアメリカは、国民をがっかりさせないのです。国民に自信と誇りを持たせる政策は、徹底しているのです。「国民の皆さん。あの報道は心配するに当たりませんよ。あそこで報道されている国は、世界で二番目の国です。国民の皆さん、この国の国民でいることに、自信と誇りを持ちましょう。」これがアメリカのキャッチフレーズです。私たちが目指したのは、ナンバーワンではありません。目指したこと、それは世界初、オンリーワンでした。オンリーワンであることは、自動的にナンバーワンであるわけです。

無から有を産ませたこと。「はやぶさ2」うまくいっているじゃないですか。では、あなたがた、「はやぶさ」の貢献は、どんなことだったのですか？と聞かれます。「はやぶさ2」、「はやぶさ」の二倍、三倍の成果は挙げているではないですか、と。その通りです。でも

「はやぶさ」が行ったこと。それは、ゼロ「0」からイチ「1」を作ったことです。これを誇りに思っています。プロジェクトにレシピがあったわけではありません。やり方はどこにも書いてあったわけではありません。マニュアルがあったわけでもないのです。それは無から有を作ったことです。それが「はやぶさ」が行ったことなのです。その経験を、心を次の世代に伝えていかなくてはいけません。ここが矛盾するところです。伝えるが、学ばせてはいけませんから。ご紹介してきた通りです。伝授することでは伝わらないし、また伝授することでは、結局は、身につかないままに終わらせてしまう。無から有を産ませる。そういう体験をさせられたらと思うわけです。「はやぶさ2」は、「はやぶさ」を継承して始まりました。そう思わずにはいられない環境を作って、それを残して、次世代へ提供することだと思っています。伝統になってこそ、です。それが、宇宙科学だけではなく日本を変えていく力になるのだと思います。

　週刊朝日に載った記事です。錦織圭*の物語。「超一流アスリートの育て方」です。中学生になった頃、杉山愛**さんから、「この子には大きな器を用意してあげてください」という言葉がご両親にアドバイスされたそうです。大きな器とは環境のことを指しています。最適な所に行かせて研鑽をさせる。そして実力を高めさせては、ということでしょうか。これが留学させることに躊躇されていた、ご両親の背中を押すことになったようです。教えこ

＊錦織圭（1989年生まれ）
にしこり・けい　プロテニス選手。世界ランキング最高位はシングルス4位。

＊＊杉山愛（1975年生まれ）
すぎやま・あい　元プロテニス選手。世界ランキング最高位はシングルス8位、ダブルス1位。

んで何かが生まれるわけではない。環境を提供してこそ、です。長男の才能を誰よりも信じておられた。全力で応援していたことがよくわかります。やりたいことに気づけるなら、それでよい。学校なんか後で行ったって構わないじゃないか、とお父さんは考えておられたそうです。素晴らしいことだと思います。

「はやぶさ」、どうして前人未到の着想が生まれて、そしてそれを発揮できたのでしょうか。そんな風に、よく海外のメディアから質問されます。それは糸川英夫博士由来の、あの変人研究所の文化の血でした。その文化の血。「こうすればできる」、「やれる理由を探す」これが着想を産む極意であろうと思います。椅子を積み重ねて踏み台を作り、今まで届かなかった高いところに手を伸ばして、何かを掴みとろうとします。椅子の脚は、何本あればよいでしょうか。椅子の脚は、最低限三本なくてはいけません。しかし日本人は別な考え方を持ってしまう。四本目五本目の脚をつけよう。いや六本目の脚も必要なのではないか、と。しかし六本目の脚、つける場所がないと分かると、日本人は、本来何をするべきかを忘れて、交代していくのです。六本目の足がつかないような椅子は、不完全だ、不十分だと考えてしまう。やらない方がよいのではないか、やるべきではないという考えにたどり着いてしまいます。石橋は、叩いて点検した上でも渡らないでいるのが一番安全じゃないか、という考え方に入りがちです。私の修業した研究所の文化は違うのです。椅子の脚は三本あればよい、です。自分たちが自信のもてる三本脚の椅子は、何十段でも重ねられる。どんな高いところにも手が届く。自信さえ持てれば、です。ですから、私たちには、海外に模範や手本が存在する必要はなかったのです。自分たちを信じればよかった。

全ては、心、気持ちの持ち方から始まるとお話をさせて頂いています。「やれる理由を見つけて挑戦しない限り、成果は得られない」です。自信を持つという気持ちから始まります。その気持ちを見つけられるようになったこと。これこそが、修業を通じて学ぶことができた一番大きな点ではないかと思うわけです。

遅咲きでも修業次第、でもこれからは

福田千鶴
ふくだ・ちづる
一九六一年生まれ。
歴史学者。
九州大学教授。

母校・福岡高校の誇り

私の出身高校は、福岡市東区堅粕に位置する福岡県立福岡高校です。福岡の名門高校といえば藩校の名を冠した修猷館高校が有名ですが、わが福岡高校の歴史も古いと言えます。大正六年（一九一七年）に旧制中学修猷館の寄宿舎を仮校舎に開設し、一学年二百人、計八百人が入学しました。二年後には堅粕に移転し、現在に至ります。戦後の学制改革で、ともに福岡県立の高校になりました。ですから、修猷館高校と福岡高校は兄弟の関係にあり、もとをたどれば同じ藩校の系譜を引くと言えます。

ところが、修猷館高校は福岡の西・武士の町に置かれましたが、福岡高校（以下、福高《ふっこう》と略）は福岡の東にある町人の町・博多に移されました。ともに自由闊達な学風でありながらも、かなり雰囲気が異なるというのが私の印象です。私の現在の勤務先である九州大学には両校から進学してくる学生が多いのですが、修猷館出身の学生は背筋をまっすぐにして裃《かみしも》＊を着ているような雰囲気があるのに対し、福高出身の学生は、負けん気が強く、どこかかわいい「悪さ」をしそうな雰囲気があります。人格形成の重要な時期に、武士の町・福岡で過ごすか、博多という町人地で過ごすか、という差は、とても大きいような気がしています。

私自身はと言えば、福高が長い歴史と伝統をもつ県内有数の進学校だという知識もなく、どうしても福高に進学したいという強い意思もなく、たまたま入学できたに過ぎませんでした。受験したのは学区内で偏差値が一番高い高校という単純な理由に過ぎませんでしたが、ここで三年間を過ごしたことは私の人格形成に大きな影響を与えていますし、今では福高の出身であることに大きな誇りをもっています。

＊裃
江戸時代の武士の礼装。

私は福高三二回生となりますが、福高で出会った素晴らしい学友たちと交流を続けています。その一人に、この原稿を書いている二〇二〇年度段階で第二八代校長に就任している合屋伸一さんがいます。福高出身者で福高の校長になるのは稀なことだというので、同級生がその任にあるというのは大変誇らしいことです。

さて、すこし時間を戻しましょう。私は、一九六一年に福岡市西区祖原で生まれました。その後、小学校五年生まで福岡市南区で過ごし、小学校六年生からは福岡市と北九州市の間に位置する宗像市に移って暮らしました。ですから、福高に進学するまでは、福岡市の東側に広がる博多の文化にはほとんど接することがありませんでした。

福高に進学して一番良かったことは、生粋の博多弁に接したことです。「なんばしよっとね！」、「よかたい！」、「しぇからしか！」、「そげんこつ、せんでよか！」、「ほたっとかんね！」などなど。本場の博多弁に加え、基本的に「よかよか」と言って適当にものごとが進んでいく大らかな文化のなかで青春を過ごしました。

また、博多山笠**との関わりも忘れられません。七月に入り、山笠の季節になると、午前中は男子学生の姿が見えません。

「男子おらんけど、なんしょん？」

山笠がなんたるかを知らなかった私が友人に尋ねると、「な～んもしらんと。山笠にき

**博多山笠

博多櫛田神社の奉納神事。毎年７月１日の飾り山笠の公開から、15日早朝の追い山まで続く伝統行事。

まっとるやろ」と。それは当たり前の風景、ということでした。

「山笠があるけん、博多たい」というのは、我々にとってはなじみのフレーズです。福高生であれば、博多に実際に住んでいなくても男子は山笠に駆りだされます。それを先生方も見て見ないふりをしてくれている。そんな懐の深い学校でした（今は公欠扱いになるとのことですが、それも驚きです）。その頃はまだ、日本専売公社のたばこ工場が隣接し、校門を出た左脇には現在でも大きな酒蔵があり、風向きによっては「この匂いはなんだ、なんだ」という感じで、高校生にはいささか笑いを誘う環境でもありました。まさに、長谷川法世さん（福高一六回生）の『博多っ子純情』の舞台です。

福高出身の著名な先輩には、二〇一六年にノーベル医学生理学賞を受賞した東京工業大学栄誉教授の大隅良典さん（福高一五回生）やアフガニスタン支援に生涯をささげた中村哲医師（故人・福高一七回生）がいます。中村医師は、「古風で暖かい校風の中で育まれた福高魂は、今も胸に根付いている」と回想記*を残しています。福岡県の重要文化財にも指定されている古風な校舎、かつ大らかな学風のもとで、自由な高校生活を過ごしたという思いは、多くの福高生に共有されていると私も同感するところです。

近年では、二〇一九年のラグビーワールドカップで活躍をみせたラガーマンの福岡堅樹さん（福高六三回生）がいます。日本ラグビーが注目される大きなきっかけをつくるとと

＊「今も胸に根付く福高魂」

『福高讃歌』西日本新聞社、2018年刊、所収。

もに、松任谷由実さんの名曲「ノーサイド」が再注目されるきっかけにもなりました。その一節に次のような歌詞があります。

何をゴールに決めて　何を犠牲にしたの　誰も知らず……

福岡選手や他の選手たちも、どれほどの試練を乗り越えてこの栄光のゴールを勝ち取ったのだろうと思うと、感慨の念が沸き起こります。偉業を成し遂げた人々の修業時代には、きっと誰も知らない多種多様な犠牲があったに違いありません。

家庭と研究の両立

私の専門は、日本近世史です。つまり、歴史学です。とくに、豊臣時代から江戸時代の歴史に関する研究成果をいくつか出版してきました。二〇一一年の大河ドラマ「江」では、宮沢りえさんが演じた茶々（淀の方）は豊臣秀吉の妻の一人として描かれました。これは、それまでのように茶々を秀吉の「愛妾」とみるのではなく、北政所（浅野寧）と同格の妻であったとする私の説**を取り上げてもらったものだと思います。

**『淀殿―われ太閤の妻となりて―』
ミネルヴァ日本評伝選、ミネルヴァ書房、2007年刊。

また、二〇一六年の大河ドラマ「真田丸」でも、従来のように母親の「淀殿」から凡庸に育てられた豊臣秀頼像ではなく、賢く逞しい秀頼としての見直しをはかったのも、拙著『豊臣秀頼』*の研究成果がベースとなっています。秀頼は、注目の中川大志さんが演じられました。このように、大発見とまではいえませんが、これまでの通説を覆す研究成果を粛々と提起してきました。

こうした研究成果を出す過程で、何か犠牲にしたものがあったのかと問われれば、それは「家族と一緒に過ごす時間」だったのかも、と思います。

私事にわたり恐縮ですが、私にはアキラという名の一人息子がいます。あるとき、大学一年生になったばかりのアキラと、口論になりました。なんの文脈もなかったと私は思うのですが、アキラが突然、切り出しました。

「お母さんは、いつも仕事を優先させてきた！」

今まで彼のなかでたまっていた不満が、初めて言葉となって爆発した瞬間でした。でも、私はその言葉を聞いて、耳を疑いました。富士山の山頂からの落石に巻き込まれ、麓まで転げ落ちるような衝撃と言っても良いくらいです。そんな風に思っていたことをそのときまでまったく気づかなかったのです。

振り返って、アキラの妊娠がわかったのは、東京都立大学**人文学部の助教授として赴任

＊『豊臣秀頼』
歴史文化ライブラリー、吉川弘文館、2014年刊。

＊＊東京都立大学
2005年4月に首都大学東京に改組し、2020年4月より東京都立大学に名称復帰した。

した直後、二〇〇〇年五月のことでした。それまでは国立史料館（現在の国文学研究資料館アーカイブズ系）という史料保存研究機関の助手を務めており、授業の経験はほぼありませんでした。そのため、新しい環境のもと、ただでさえ満足のいく授業ができない不安のなかで、大きなお腹を抱えて一二月中旬まで授業を続けました。産休に入って三週間後に帝王切開での出産となり、それから三時間おきに繰り返される授乳の合間を縫って、学生の卒業論文を読みました。

四月からは通常通りの大学勤務に復帰しましたが、預ける保育園がみつからず、六月には大学の近くに引っ越しました。また、ちょうど都立大学の解体騒動の真最中で、教授会は遅くなるし、夜に会議があることもあり困りました。周囲の先生方や学生たちの暖かい支えがあったことで、乗り切ることができたと思います。保育園は熱が三七・五度を超えると「お迎え」を求められますが、急な発熱では授業を休むわけにもいかず、教室の入り口の外にイスを置いてアキラを座らせ、ドアを開けたままで授業をしたこともあります。このようなことがひと月に一回程度は起きるので、本当に毎日が薄氷を踏む思いでした。

保育園では昼寝をさせるので、夜はなかなか寝ついてくれません。ようやく寝てくれて、このまま一緒に寝てしまいたい気持ちを奮いおこし、机に向かい仕事を片付けました。休みの日は公園や映画に連れて行き、習い事の送り迎えをし、小学校では毎日課される音読のおつきあいをし……。どれだけ家事と育児に時間を割いたことか。

その一方で、アキラを連れて色々な所にでかけたことは、本当に良い思い出です。彼がいなければ、日曜の昼間に、ぼ～っと公園に座っているなんてことはなかっただろうと思いますし、これまでもアキラと一緒に九州本土で一番高い九住山*（中岳《なかだけ》）に二度、登頂しています。そのうちの一度は、元旦の冬山です。それくらい密な時間を一緒に過ごしているというのが、私の自己認識でした。何よりも、母親になるという貴重な経験をすることは、アキラが生まれてくれなければできなかったことであり、私の人間としての幅を広げてくれたことへの感謝を本のあとがきに綴ったこともあります。

アキラが小学校二年になるときに、故郷の九州産業大学**国際文化学部に移りました。それからは、私の両親の援助が得られたため、出張や長期の調査にも比較的行けるようになりました。小学校四年生の夏休みも長期出張で家を空けることが続き、九月の第一週は熊本大学での集中講義に招かれていました。「ちゃんと小学校に行くのよ」と伝えて家を出ようとしたその瞬間、アキラが「一緒について行く！」と言い出しました。電車の時間も迫っていたので、慌ててランドセルを掴み、連れて行くはめに。熊本―博多間は新幹線で三〇分ほどだから、博多駅まで迎えに来てもらえばなんとかなるだろう……。そんな考えでしたが、結局、彼が帰ることはありませんでした。授業中は非常勤控室で母と離れて何を

＊九住山

大分県竹田市にある。九重連山の最高峰である中岳は標高1791m。

＊＊九州産業大学

1960年に創設された福岡市東区にある私立大学。

するわけでもなく一人で過ごしてくれました。そんな退屈よりも、母親から家に放置される方が我慢ならなかったのでしょう。

アキラが成長すると、帰りが遅くなることも増えました。暗くなって学校帰りに、よその家から夕食の良いにおいがするとうらやましかった、とも言われました。私が家で家族の帰りを待つ理想の母親ではなかったのは間違いありません。そんな創られた「母親像」はともかくとしても、アキラの友人の母親は家で一緒にテレビをみたりゲームをしたりと楽しそうにしているのに、なんで自分の母親はそうではないのか、と彼に思わせたことは、母親失格と言われても仕方ありません（私の自己認識では、戦隊ものに始まり、ウルトラマン、仮面ライダー、ナルト、ポケモンなどを一緒に楽しく見ていたはずなのですが……）。

大学受験のときに進路を話し合う機会があり、「研究者を目指したら楽しいよ」と伝えましたが、見事に却下されました。理由は、時間があれば机に向かい、いつも締切に追われ、休みの日も「二四時間戦えますか」みたいな研究生活を続ける母親の姿は、まったく楽しいものには思えないとのことでした。

つまり、「何を犠牲にしたの」と問われれば、「家族と一緒に過ごす時間」だったと答えざるをえません。女性が仕事や研究を続けるうえで、やはり出産・育児の壁は大きいと思います。これとどう折り合いをつけ、仕事や研究の時間を確保するかという葛藤の日々でした。私自身は十分息子に向き合ったつもりでも、仕事を優先させた面がないとは言えませんし、息子が満足する時間を一緒に過ごしていないのもそうなのでしょう。その頃は、修業時代というよりは、まさに苦行難行と感じており、そうした母親の苛立ちをアキラは敏感に気づいていたのだと思います。とはいえ、アキラは二〇二一年一月に成人式を迎えます。二〇年間を無事に過ごし、たくさんの人々に支えられて、この晴れの日を迎えられることに心から感謝したいと思います。

歴史研究との出会いと挫折

私は九州大学文学部の出身です。二〇一四年四月からは母校の九州大学に採用され、基幹教育院という少し聞き慣れない部局に配属されています。ここでは、学生の「学び」の基幹を太く育てることを目的として、アクティブ・ラーナーの育成に励んでいます。その目玉のカリキュラムの一つに、「基幹教育セミナー」という科目があります。学生にこれからの自分の「学び」を深く考えさせるという授業なのですが、そのなかで教員の「学び」として、私自身の歩みを学生に紹介する時間があります。

その際に、私は地元にあるからという理由だけで九州大学文学部に入学し、消去法で国史学科（今の日本史学科）に進学したという話をします。これには、かなりの学生が驚くようです。帝国大学の伝統と百年の歴史を誇る九州大学の教授になるくらいだから、強い意思と明確な目標をもって進学し、着々と歩んで歴史研究者としての成功をおさめたというサクセス・ストーリーを期待していたにもかかわらず、まったく逆の話だからです。しかも、後ろ向きの話はまだまだ続きます。

本当は西洋史や美術史を希望していたけれども、当時の九大でこの専攻に進むためにはラテン語かギリシャ語の単位をとる必要があり、不真面目だった私はこれが乗り越えられませんでした。次に、考古学にも興味はありましたが、当時の九大では統計学の単位が必修であり、これがまったく理解できなくて諦めました……などです。今はこうした単位は必修ではないので、うらやましい限りですが、もしそうしたハードルがなかったら、逆に私は日本史の研究者になっていなかった可能性が高いと思います。

そのような出来損ないの私でしたが、進学後は、日本交通史研究の第一人者で、一九九四年に『日本近世交通史の研究』*で日本学士院賞を受賞される丸山雍成先生**の演習を受講しました。これが人生最大の転機になります。

丸山先生は、最初の授業で「何か興味はありますか」と尋ねられ、演習での個々の受講者の研究テーマを決定されていました。とくに何がしたいというわけでもなかった私が困

**丸山雍成（1933年生まれ）
まるやま・やすなり　九州大学名誉教授。瑞宝中綬章受勲、元・交通史学会会長。

*『日本近世交通史の研究』
吉川弘文館、1989年刊。

っていますと、先生から出身地を聞かれたので、福岡だと答えました。すると先生は、「黒田騒動」*に関する新史料を多く収載した『福岡県史』近世史料編福岡藩初期（上）**が刊行されたばかりなので、取り組んでみたらどうか、とテーマを与えられました。これが私と「黒田騒動」の出会いでした。このときに丸山先生の演習に参加しておらず、「黒田騒動」というテーマと出会うことがなければ、私は歴史学の面白さに気づかずに人生を終えていたことだろうとつくづく思います。

何が面白かったのかといえば、書状の分析が性に合っていたといえます。書状の多くは年号が書かれていない無年号文書です。その書状に書かれた人名や内容などの検討から、年代を確定し、その一つ一つを組み合わせることで歴史像を構築していきます。その作業は、推理小説を読み解くような面白さがあり、私は『福岡県史』で特定されていた人物比定や年代推定を次々に修正してゼミで発表し、「黒田騒動」の定説を打ち破る見解を示すことにチャレンジしました。結局、卒業論文も「黒田騒動」で書き、卒業論文執筆後は大学院に進学して研究を続けたいと思うようにもなりました。

ところが、国史学科の指導教員であった中村質先生（故人）に進学の希望を伝えたところ、猛反対をされたのです。一九八四年のことです。

「女は研究者になれない。受験しても、絶対に合格しないから諦めなさい。」

＊黒田騒動
江戸時代前期の福岡藩の御家騒動。筆頭家老栗山大膳が主君黒田忠之に謀叛ありと幕府に訴え出た事件。

＊＊『福岡県史』近世史料編福岡藩初期（上）
西日本文化協会編、福岡県、1982年刊。

今ならセクシャル・ハラスメント、アカデミック・ハラスメントですが、その頃はようやく男女雇用機会均等法が制定（一九八五年）・施行（一九八六年）され、女性の社会進出はこれからという時代でした。セクハラが流行語大賞を獲得するのは一九八九年、社会学者の上野千鶴子さんが大学におけるアカハラの問題を大きく取り上げるようになるのは一九九七年のことでした。

とはいえ、中村先生の対応に納得できなかった私は、すぐに右の経緯を男性の大学院生の先輩に相談しました。すると、

「男だって研究者になるのは難しいから、先生の言っていることは正しい。」

と諭されました。さらに、大学院に合格した男性の同級生から呼び出され、「きみは卒業論文のテーマが良かっただけで、研究者は一発屋ではダメだから大学院を落ちたんだ」という趣旨のことを滔々と、大学正門前の今は潰れた喫茶店で説教されたことを思い出します。私が努力をしなかったかのような物言いにはさすがに誤解があると思いましたが、そのようなことなどもあり、内定をもらっていた地元の銀行に就職しました。

なお、中村質先生の名誉のために補足しておきますと、今になって思えば中村先生が反対されたことに共感できないわけでもありません。ちょうどバブルが始まった頃であり、大きな肩パッドの入った黒づくめの奇妙なファッションに身をつつみ（対外貿易史の専門

家である中村先生は、戦国期に日本に来ていたバテレン*のようだと笑っていました）、頭はカーリーヘア、ハイヒールを履いて、派手なイミテーションゴールドのアクセサリーをジャラジャラと付けて学内を闊歩している私に、ストイックな研究者生活が続くはずがないと先生が心配されたのも、きっと親心から出たことでしょう。

その後、銀行で三年三ヶ月ほど働き、大学院を再受験することになりました。基幹教育セミナーを受講する学生からは、「なぜそのような決断ができたのか」と尋ねられることが多いのですが、これも当時の社会状況ゆえです。

男女雇用機会均等法が施行されたと言っても、まだ社会には女性を本気で活用するような受け皿ができていませんでした。とくに私が勤めた銀行の体質は古く、「結婚したら退職」という内規があり、半年ごとに「結婚の予定があるかどうか」を確認する古い慣例が残っていました。銀行の仕事は多忙を極め、月末は帰りが一一時近くになることは当たり前でした。その頃はまだ年末の大晦日まで銀行は開いていましたし、土曜も午前中は営業をしていました。実際に結婚したあとに、銀行員の仕事が続けられるとは思えませんでしたし、女子行員が急にやめることになれば職場が廻らなくなるので、半年前に退職を伝えてほしいという銀行側の意向もわかります。ただし、今なら立派なセクシャル・ハラスメントです。つまり、出世をめざさなくとも、女性が銀行を一生の仕事にするためには、生

＊バテレン（伴天連）

キリスト教が日本に伝来した当時のカトリックの宣教師の呼称。

涯独身でなければならない、ということでしたから、自ずと次のステップアップを考えざるをえませんでした。

これも今にしてみれば、そのようなセクシャル・ハラスメントがなければ、私が銀行員として勤め続けるという選択肢もあったわけですから、人生、何がどう転ぶかわかりません。「禍転じて、福となす」を地で行った感があります。

大学院への再チャレンジ

銀行員を勤めていた四年弱の間に、大学も少しずつ変化しており、女性の大学院生も増えていました。そのため、私もなんとか大学院に入学できることになり、丸山雍成先生に改めてご指導をうけることになります。ここからが、私の修業時代の本格的なスタートと言えるでしょう。

このとき、すでに二六歳になっていました。初めての論文発表は、一九九〇年、二九歳のときになります。卒業論文を書き直し、「黒田騒動の歴史的意義」と題して若手歴史研究者の登龍門である『日本歴史』に発表しました。その頃の大学はまだゆったりとしていて余裕があり、人文系の学問であれば一〇年に一本くらい精緻なレフリー（査読）付き論文があれば良いという雰囲気がありましたから、二九歳で最初のレフリー付き論文の発表というのは、それほど致命的な問題ではありませんでした。

しかし、大学のときの同級生はすでに博士後期課程に入っていました。私が大学院に進学してすぐに丸山ゼミで最初の研究報告をした際に、元同級生の西谷正浩さん（日本中世史）が聞きに来てくれました。今では福岡大学人文学部教授になっていますが、彼からそのときに言われた言葉は、今でも忘れられません。

「僕は今日まで自分が大学院に進学したことが正しかったのかどうかを悩んでいた。でも、今日、福田さんの発表を聞いて、目が覚めた。僕がこの四年間に確実に進歩していることがわかって、自信がもてた。本当にありがとう。」

彼にはまったく悪気はありません。私も、右のように言われたことを根にもっているわけでもありません。今でも彼は仲の良い、なんでも言い合える知己だと思っています。ですから、私自身も彼の言葉で目が覚めたということを言いたいのです。

「四年間の遅れを一刻も早く取り戻さなければならない！」

この気づきは、私を発奮させました。私の本気モードのスイッチが入った瞬間だったといっても良いでしょう。彼の言葉がなければ、私は「よかよか。どげんかなる」という博多っ子由来のお気楽さで、のらりくらりと過ごしたに違いありません。しかし、それからというもの、一分一秒を大切にし、一九九三年四月に国立史料館に就職するまでの大学院在籍の四年間に、最初の黒田騒動の論文を含めて計六本の論文を発表しました。その内、五本がレフリー付きでした。この必死の努力で短期間に成果を積み上げられたからこそ、国立史料館にもすんなりと就職できたのだと思います。

また、大学院では六人の同期に恵まれました。その一人に、東京大学社会学研究所教授で日本近代経済史や鉄道史を専門にしている中村尚史さんがいます。彼は熊本大学のご出身で大学院から九州大学に進学したのですが、コミュニケーション力が高く、すぐに九大になじんでいました。交通史ということで丸山ゼミにも参加してくれたのですが、これは私にとって実に幸いでした。年齢が違う学年のなかで多少の孤立感のあった私でしたが、似たようなアウェー感をもつ中村さんが私を同期生たちとつないでくれたことで、次第になじむことができたからです。ここで全員のお名前を挙げませんが、本当に皆で切磋琢磨した楽しい大学院時代でした。

二〇二〇年二月には、ささやかながら丸山雍成先生の米寿のお祝いをさせていただきました。先生ご夫妻と私の学兄にあたる宮崎克則(西南大学教授)、中野等(九州大学教授)のお二人、私たち丸山三兄妹《きょうだい》をいつも暖かく見守ってくださる高野信治さん(九州大学教授)が集いました。そのスピーチで高野さんが、「丸山先生のご指導の最大の功績は、いつも我々を自由にさせてくれたことにある」と述べられたことは、とても印象深いことでした。本当に先生は自由に研究をさせてくださいました。とくに私はまったく交通史とは無縁の研究を続けていたにもかかわらず、いつも暖かく励ましてくださいました。私が博士号を取得した際には、きっとたくさんの店を探していただいたのだと思いますが、とても素晴らしい「鶴」（伝統工芸士広男作）という博多美人の人形を博士号の記念にと東京で暮らす私のもとに贈っていただきました。そののち、先生のお宅を訪問しますと、同じ作品が床の間に飾ってあり、とても驚きました。こんな拙い弟子である私を大切にしていただいていることが、よくわかったからです。九州大学に就職が決まったときも、ご夫妻からお祝いの席を設けていただき、「九大の史学出身で、女性の教員として九大に採用される初めての快挙だ」と言って喜んでいただきました。

丸山先生との出会いは、私にとっては歴史学研究との出会いそのものだったと言っても過言ではありません。その学恩には常に感謝し続けていますし、言葉にして表現できるものではありません。ですが、先生が自由にさせてくれるのを良いことに、「やんちゃ」な私は先生に甘えて本当に好き勝手なことをしていました。この場を借りてそのことをお詫びし、数々の若気の至りの非礼をお許しいただきたいと思っています。というのも、厳格な師弟関係であれば、私が色々な先生のもとに出入りすることは憚られるべきなのですが、

＊**朝尾直弘**（1930 年生まれ）

あさお・なおひろ　京都大学名誉教授、文化功労者、住友史料館館長。

丸山先生のご指導の一方で、左に述べる先生方を始め、その外にも多くの先生方のもとに出入りをして教えをうけていました。これは、本当に丸山先生の寛大なご指導ゆえに許されたことだったと思います。

私が四年を経て大学院に戻ったことは、人生における素晴らしい出会いという意味においては絶妙のタイミングでした。まず、京都大学の朝尾直弘*先生が集中講義で九大においえになりました。ちょうど「惣村から町へ」**という論文を発表された頃で、戦国期の惣村結合のなかから都市が誕生していくダイナミズムや「衆儀」という意思決定システムが「公儀」に収斂していく問題などを先生から直接うかがえたのは、その後の私の研究の大きな背骨になりました。京都大学出身のある方が朝尾先生に私との関係をお尋ねしたことがあったそうですが、「九大に集中講義に行ったときの教え子だ」とうれしそうに話されていたとお聞きしたことは、私にとっても本当にうれしいことでした。

また、戦国期の「惣無事令」で著名な藤木久志***先生も集中講義でおみえになり、その後もずっとご指導をいただきました。藤木先生は私が品川区戸越にあった国立史料館に就職すると、すぐに研究室に訪ねてきてくださり、先生のゼミにも誘っていただきました。その頃の先生は、戦国期民衆のサバイバルシステムの解明に尽力されており、私にも近世社会の生命維持の問題を考えなさい、と課題を与えられました。豊臣期の「命助かる儀」が、

**「惣村から町へ」

『日本の社会史』6、岩波書店、1988年刊、所収。

***藤木久志（1933-2019年）

ふじき・ひさし　立教大学名誉教授。

四代将軍徳川家綱の時期までに「御救い」＝生命維持政策へと整えられ、五代将軍徳川綱吉の「仁政」＝生類憐み政策へと転換していく、という展望を提起できたのも、藤木先生の教えがあったからこそと思います。

大学院時代には、川添昭二先生[*]から『福岡県史』通史編福岡藩近世文化[**]の助手を任されたことは、私の視野を大きく広げてくれたと思います。川添先生は、博多や太宰府、今川了俊、日蓮、禅宗文化、対外交渉といった中世史にとどまらず、近代に至るまで造詣が深く、古代から近代にいたる文化史構想の一環として福岡藩文化史をまとめられました。また、徹底的に先行研究を把握し、咀嚼したうえに新たな知見を開陳する川添史学の方法には、畏敬の念を抱かざるをえません。今でも研究史をおろそかにした論文を書くと、川添先生に顔向けができない、と背筋を正しています。また、川添先生の御宅にうかがい、屋外の庇の下にまで積み上げられたジャンルを問わない膨大な蔵書に接したことは、研究者とはかくあるべきという私にとっての大きな理想像となりました。

史料との格闘の日々

私は九州大学大学院修士課程を二年で終え、その後、博士後期課程に進学しましたが、

*川添昭二（1927-2018年）
かわぞえ・しょうじ　九州大学名誉教授。

**『福岡県史』通史編福岡藩近世文化（上・下）
西日本文化協会編、1993年・1994年刊。

在籍二年で中途退学し、一九九三年四月から国立史料館の助手に採用されました。生まれたときから暮らしていた福岡を離れ、三〇歳を過ぎてから東京での新しい生活を始めることになりました。当時の国立史料館は品川区戸越にあり、都営浅草線の戸越駅から一五分弱を歩いたところにあり、戸越銀座もあって下町の風情が残っていました。また、史料館の敷地が広々としているだけでなく、その裏手には肥後藩主細川家の下屋敷の旧庭園が戸越公園として整備されており、とても環境の良いところでした。

国立史料館の歴史をたどれば、もとは文部省史料館といい、戦後の敗戦の混乱のなかで歴史史料が散逸の危機に陥り、その保存運動を進め、近世史料を中心とした全国の歴史史料五〇万点を収蔵する日本有数の史料保存機関としての役割を果たしていました。一九七二年に国文学研究資料館が設立される際に、国立史料館はその附置施設となり、二〇〇四年四月に国文学研究資料館が大学共同利用機関法人人間文化機構の傘下となったことに伴い組織が改組され、アーカイブズ系として国文学研究資料館のなかに組み込まれ、二〇〇八年三月には東京都立川市に移転しています。

私が就職した頃は、すでに国文学研究資料館の附置施設となっていましたが、史料館長の森安彦先生のもとで、日本のアーカイブズ学を切り拓いていこうという熱意に満ち溢れていました。その大きな取り組みが、史料管理学研修会です。日本にはアーキビスト***を専

***アーキビスト
歴史的価値のある記録を収集、整理、保存する専門職。

門に養成する教育システムがなかったため、これを専門教育機関に大きく発展させたいと取り組んでいました。

私は就任初年度に、この史料管理学研修会の受講を義務付けられました。七月の一ヶ月と九月の一ヶ月、計二ヶ月間をかけて、史料の取り扱い方の基礎を叩き込まれました。この二ヶ月間をともに過ごしたメンバーのなかに、現在は国文学研究資料館教授となっている藤實久美子さんがいました。武鑑《ぶかん》*研究の第一人者です。上京してすぐに、元国立史料館助教授で創価大学文学部教授となっていた藤村潤一郎先生から、「一緒に研究できる仲間を作りなさい」と進言されていたこともあり、藤實さんと「寛文・延宝期研究会」なるものを作り、史料講読を続けました。藤實さんとは色々なご縁があり、今も公私にわたり交流させていただいていますが、史料管理学研修会で二ヶ月を一緒に過ごしたことは、本当に偶然のタイミングとはいえ大きな出会いだったと思います。

研究会には、演劇史で著名な武井協三さんも加わってくれました。武井さんはその頃は国文学研究資料館助教授で、のちに同館副館長となります。「昭和三〇年代後半にね、京都に三大美少年というのがおってね、一人が近藤正臣、もう一人が沢田研二、最後の一人が私やね」というのが口癖の「美男子」で、歌舞伎が専門で江戸学研究と言っても良いのに、いつも関西弁で通していました。その武井さんを研究代表として「諸藩江戸屋敷のネットワ

*武鑑

江戸時代に出版された大名や幕府役職者の名鑑。

ーク―大名家文書複合化の研究―」という研究活動を進めましたが、このときに全国の大名家文書の調査に出かけ、「江戸記録一覧」というデータベースを作りました。これを見ると、どの年にどの大名家文書の江戸日記が伝来しているのかが一目瞭然となります。もう報告書の在庫はなくなりましたが、多くの研究者に喜んでもらえた成果でした。

史料館での仕事としては、私は大名・公家・寺社の史料を扱う第一史料室に配属され、史料館に在籍した七年間に二冊の目録を刊行しました。京都に出所をもつ史料群をまとめたため、二条家や三条西家といった公家に始まり、大寺院の天龍寺文書、商家（金融業）の小堀家文書、山城国の大庄屋文書など、あらゆる身分階層の文書を取り扱いました。

また、アーカイブズ学をけん引していた安藤正人さん（当時は国立史料館助教授）の提案で、史料館が所蔵する五〇万点の史料群の概要を刊行しようという企画がありました（『史料館収蔵史料総覧』**）。個別文書群の目録がすでに作成されていればそれを分析すれば良いのですが、私が担当したところは未整理文書が多かったため、薄暗い書庫に入っては原文書を開いて分析する日々が続きました。土日も含めて、時間があれば史料と格闘する日々が続き、夜の一一時を過ぎて終電に遅れそうになり、真夜中の戸越銀座を走ったこともよくありました。この時期は、まさに修業時代のピークだったと思います。

私の博士号取得論文のタイトルは「幕藩制の確立と御家騒動」で、一九九六年に九州大

**『史料館収蔵史料総覧』

国文学研究資料館史料館編、名著出版、1996年刊。

学から授与されました。恩師の丸山雍成先生は定年退職で、西南大学に移られていましたので、主査は中村質先生にお願いしました。これを『幕藩制的秩序と御家騒動』と題して、校倉書房から一九九九年に刊行しました。その後、『酒井忠清』*、『徳川綱吉』**、『徳川秀忠』***といった人物史をはじめ、『江戸時代の武家社会』****という本も出版しましたので、私は近世武家社会を専門にしていると思われています。それは間違いないのですが、史料館で無差別にあらゆる身分階層、地域の文書をみる機会に恵まれたことが、私の歴史をみる眼を鍛え、研究の基礎固めになったと思います。言い換えれば、三〇代は自分の専門を極める一方で、自分の専門外のことにも取り組んで視野を広げることを心掛けました。私の修業時代のピーク期にこの二つに取り組めたことは、のちに研究を続けるうえでの大きな基盤を形作ったと思います。

　さらに知見を広めようということで、一九九六年三月より一九九七年一月までの一〇ヶ月間、米国ボストンのハーバード大学に在外研修に出かける機会を与えられたのも幸いでした。日本近世史の専門家であるハロルド・ボライソ先生（故人）に受け入れてもらいました。ハーバード大学のエンチン・ライブラリーは日本史関係の蔵書が整えられており、夜の一一時まで図書館にいることができましたので、ほとんどアパートと図書館の往復しかしていませんでした。そのことは、二〇一九年に久しぶりにボストンに行く機会があった

*『酒井忠清』
人物叢書、吉川弘文館、2000年刊。

**『徳川綱吉―犬を愛護した江戸幕府五代将軍―』
日本史リブレット、山川出版社、2010年刊。

のですが、あれだけたくさんある美術館、博物館や歴史的建造物をほとんど訪れていなかったことに気づき、もったいないことをしたものだと思いました。

二〇〇〇年四月には、東京都立大学人文学部に移りました。ここでは、日本史・東洋史・西洋史・考古学の先生方と一つの学科を構成していたので、日本史を超えた研究のお話が聞けたのは、とても良い経験になりました。学問の話だけでなく、インド史で著名な小谷汪之先生からは、本場のカレー作りを伝授していただきました。「カレーは煮物ではない。揚げ物だ」というレシピ通りに、大量の油を用い、鳥の骨がなくなるほど油でドロドロに溶かして作ったチキンカレーは、保育園ママたちにも大好評でしたが、気づけば腹囲が大変なことになったのには慌てました。

また、小谷先生はアキラをよくかわいがってくれました。いわく、

「この息子は、岩の上から飛び降りてみろ、と言っても絶対に飛び降りない。しかし、この母親は、岩の上から飛び降りるな、と止めても、絶対に飛び降りる。」

母子の真逆の性格を言い当てたものでした。優れた歴史学者は社会に対してだけでなく、人物に対する洞察力にも鋭い視点があると感心した次第です。

紙幅の関係で多くの方々とのエピソードを割愛せざるをえませんが、私が今あるのは、こうした素晴らしい方々との出会いのなかでたくさんの薫陶をうけ、導いていただいたこ

***『徳川秀忠―江が支えた二代目将軍―』
新人物往来社、2011年刊。

****『江戸時代の武家社会―公儀・鷹場・史料論―』
校倉書房、2005年刊。

とにあるのは間違いありません。

歴史学に対する役割

九州大学における初年次教育では、歴史学入門を担当しています。そうすると、必ず「歴史学はいったい何の役にたつのですか?」と質問してくる学生がいます。そんなことを質問する学生は他の入門を受講したら良いのに、と思わなくもありませんが、歴史学に興味をもつからこそ、そのような歴史学の存在意義を問いかけてくれるのでしょう。

これに対して、まずは「役に立つことだけが学問ではありません。学問とはそもそも、学び問うということであり、学問の根源には知るということがあるのみです」という模範回答でやりこめますが、今の人文学は学問「知」の社会還元を強く求められていますので、何か役に立つというところを探さなければ生き残れない問題に直面しています。

そこで、私は次のように説明を続けます。「すべての物には歴史があります。でも、すべての物が歴史になるわけではありません。もはや見ることのできない過去を歴史たらしめる歴史学は、歴史という産物を社会に提供しているという意味において十分役にたっています」という禅問答のような回答を提示し、この意味がわかるようになれば歴史学入門は合格ですと導いていきます。そうすると、授業一五回が終わる頃には、歴史学を学んで何になるのか、歴史学は役に立たないという学生はほぼいなくなります。

具体的には、自分史を考えさせています。自分が生まれた日から死ぬまでのすべてのことを叙述しても、それは歴史にはなりません。過去の総体としての歴史のなかから、意味があると思う史実を選びとり、その因果関係を解明して歴史として叙述するからこそ、歴史となって存在するのです。そのような「歴史が歴史になる瞬間」が自分史を通して理解できるようになると、現在、自分たちが知る歴史が存在していることは、当たり前のことではなく、歴史学の恩恵なのだということがわかってきます。

極端な例を示せば、中国三千年の歴史には及びませんが、日本にも長い歴史があります。ですから、歴史があることを当たり前のように思っている人は多いと思います。でも、歴史がない国もあるのです。たとえば、アメリカ合衆国。その歴史は一七世紀からしか描けません。なぜなら、それ以前の北アメリカに住んでいたネイティブ・アメリカンは文字をもたない文化でしたので、記録が残っていません。記録、つまり史料が残っていなければ、歴史学としては分析できませんし、叙述もできません。ですから、歴史が存在しているということは、決して当たり前のことではないのです。史料をもとに、それを分析して叙述する歴史研究者がいるから、我々は歴史という産物を享受できるのです。

それは国家の歴史だけではありません。たとえば、女性やこどもの歴史。残された史料の多くは、成人男性に関わるものばかりですので、古文書が多く残る日本であっても、一人の女性の歴史を描こうとしても、描ける女性は限られています。こうした史料と歴史の関係がわかり、史料を分析して歴史が叙述されないと歴史は存在しないのだということがわかってくると、歴史学がなぜ必要であり、社会の役にたっているのかということも自然に理解できるようになります。

歴史に関する市民講座や講演会は全国各地で多く開催されていますし、テレビをみても歴史番組や歴史をネタにしたクイズ番組も多くあります。そうしたことも歴史学者が歴史を明らかにしていればこそ可能になるわけですが、それが広く十分に理解されていないから、歴史学は何の役にたっているのかという質問がでるのでしょう。今後は歴史学の意義を理解してもらうことにも積極的に取り組んでいくことが、大きな役割だと思っています。

女性研究者のこれから

さて、これまで述べてきたように、私は遅咲きの研究者です。振り返れば、私の家庭環境や生育環境には、将来の職業として「研究者」になるという選択肢を考える要素がまったく存在していなかったことに大きな要因があると思います。父は普通のサラリーマンでしたし、母は今でこそ趣味の華道に精進し、池坊生け花教授として弟子を抱えて花を教えていますが、ずっと専業主婦でした。小学校や中学校の家庭科で習った女性のライフスタイルは、二五歳くらいまで働いて結婚退職し、三五歳までに数人の子を出産して母になり、四〇歳を過ぎたらマイホームの準備を始めて老後を迎えるというものであり、私もなんとなくそんな平凡な人生を送るのだろうと思い込んでいました。「少年よ、大志を抱け」というクラーク博士の名言は、今では「少年・少女よ、大志を抱け」に変わったようですが、大きな志をもてと教えられたとしても、それは女の私のことではないと考えていたような気がします。

ところが、大学に進学し、丸山雍成先生からご指導をうけ、魅力的なテーマに出会えたことで、私は日本史研究者としての道を歩むことになりました。史料を読み、自分しか知らない史実を発見したときの歓びは研究者冥利に尽きます。息子のアキラには母が楽しんでいるように見えなかったのは残念でなりませんが、「研究は楽しい」と声を大きくして言えますし、そうした世界に身を置くことができる喜びを感じています。

二〇一九年には、拙著『近世武家社会の奥向構造―江戸城・大名武家屋敷の女性と職制―』*が第一七回徳川賞に選ばれる栄誉に浴しました。一一月三日に授賞式があり、その場

＊『近世武家社会の奥向構造―江戸城・大名武家屋敷の女性と職制―』
吉川弘文館、2018 年刊。

にはアキラも参列してくれました。そのスピーチで、ここまで来るにはアキラの数々の忍耐や我慢があったことに感謝し、この賞をいただけたことで彼の努力に報いることができたという趣旨を述べました。本人はいたって平静でしたが、拙著『酒井忠清』の編集以来、交流があり、受賞作も担当してくれた吉川弘文館の名編集者の斎藤信子さんや畏友の藤實久美子さんは、身近にいてともに苦労を分かち合っていたので、号泣してくれました。

その際にふれたエピソードの一つには、上廣倫理財団から研究助成をうけ、岩下哲典さん（当時は明海大学教授、現在は東洋大学教授）を座長に続けた「城下町と日本人の心」研究会における出来事もありました。どうしても都合がつかず、アキラを同行せねば研究会に参加できそうになかったことがあり、財団に連絡をし、研究会の間は隣接する図書室にアキラを置かせてくれないかとお願いしました。最初は静寂さが求められる研究会であること、加えて関係者以外の者を館内に入れることなどに懸念が示されましたが、最後には「女性が研究を続けるためには、そのようなことにも社会が対応できるように変わっていかなければなりませんね」という温かいおことばをいただき、二日におよぶ研究会の間、アキラを図書室に置かせてもらうことができました。アキラは小学生の高学年でしたが、遊び盛りの時期の土日に、人気のない薄暗い図書室に一人でじっとよく我慢して待っていてくれたと思います。また、財団や研究会の皆さまのご厚意がなければ、私が研究を続けていくのは困難だったと思います。

このように歩んできた道は平坦ではありませんでしたが、その時々での出会いを大切にし、様々に助けていただいたことで、現在があります。出会いを大切にすることの重要性は、多くの方々が共通して指摘されることではないかと思います。

その一方で、私を突き動かしてきた内在的な要因には、「女性だから」というジェンダー・バイアスに対する反骨精神があったと思います。私が大学院に在籍していた一九九〇年代前半でも、大学というアカデミック・ポストに席を置いている女性の日本史研究者の方は、数えるほどしかおらず、絶望的でした。運よく私は一九九三年から国立史料館の助手に就職し、その後もアカデミック・ポストを歩み続けることができました。その間に強く思っていたことは、アカデミック・ポストに就けない口惜しさを抱えながら研究に情熱を燃やされた先人の女性研究者の方々の苦労に鑑みれば、このポストに見合う仕事をしなければ許されないという強い責任感があったと断言できます。ここで私たち男女雇用機会均等法第一世代が失敗すれば、後進の道を閉ざすことにもなりかねません。

現在は大学の公募においても女性研究者を優先的に採用する枠を設けるなど、女性が社会で活躍する道は大きく開かれつつあると言えます。しかし、現在、私が所属する九州大学でも、いかに女性の研究者の数を増やしていくかということが常に問題となっています。

福岡高校の大先輩である大隅良典さんが、ノーベル医学生理学賞を受賞された二〇一六年のことです。地元の西日本新聞が小学生に対して、将来なりたい職業のアンケートをとったことがありました。すると、福岡出身の人物がノーベル賞に輝いたという効果があったのでしょう。久々に男子は「学者」が一位に返り咲いた、ということが大々的に報道されました。ですが、女子のなりたい職業一〇位のなかに、「学者」はランキングすらしていませんでした。九州という土地柄だからでしょうか。私の幼少期の状況とあまり変わっていないことに、かなり落胆した記憶があります。

女子生徒にも小学生の頃から「学者」になりたいと思うような環境を整えていかなければ、女性研究者の数は増えていかないのではないでしょうか。一〇年後に研究者になりたいと思う女子生徒が増えていることを切に願います。私のように遅咲きでも努力次第で研究者になることはできるとは思いますが、色々な場面で研究の魅力に気づいてもらえるような環境を整えて行くことが必要だと思っています。

以上のように、私自身の修業時代は、多くの著名人に較べれば輝かしいものであるとは決して言えません。明確な志を立てて、歩み始めたわけではありませんでした。様々な偶然的な出来事によって、今があると言っても良いでしょう。とくにジェンダー・バイアスという社会環境に抗うなかで、荒波を乗り越えながら現在に至ったといえます。

そのうえで最後に改めて伝えたいことは、遅咲きであっても、スイッチが入ってからの修業次第だということです。そして、多くの若い女性たちに、研究者となり、第一線で活躍することができるという夢をもってもらいたいと思います。そのためにも、あまり良い手本ではないかもしれませんが、一つのロール・モデルになればと思い、恥ずかしながら私の歩んできた道を紹介させてもらいました。

歴史家への旅

伊藤之雄

いとう・ゆきお

一九五二年生まれ。

歴史学者。

京都大学名誉教授。

日本近代史研究者を目指すまで

私は一九五二年（昭和二七年）九月に福井県大野市で生まれた。父は国鉄職員で、下に妹と弟がいる。生まれ故郷の雪国の小京都大野と、中学生の時に移り住んだ滋賀県米原町（現・米原市）の琵琶湖の風景の中に、少年期の主な記憶がある。

私が歴史家になるきっかけを語るには少なくとも、一九六八年（昭和四三年）三月に米原中学校を卒業して、四月から国立岐阜工業高等専門学校土木工学科に入学したことに触れねばならない。

当時は高専が数年前に創設されたばかりで、高校と大学の接続の無駄を省き、中学を出てから五年間で大学卒と同等の技術者を養成するエリート校、との触れ込みだった。岐阜高専の入学者のほとんどは、岐阜県か愛知県北部・滋賀県の県立進学高校を滑り止めにして合格してきており、理数系に強い優秀な学生が多かった。数学、物理、化学などの授業はスピードが速く、無事五年で卒業できるか心配になるほどだった。

しかし、設計製図、図学、測量学など専門の授業を受けてみると、自分がいかに土木工学に向いていないことを実感し、図書館で歴史、文学など文系の本ばかり読むようになった。様々に進路を迷ったあげく、最終的に普通科高校に転校することを決意した。京大に入り、今度こそ一番好きな日本史の分野で歴史学者（大学教授）を目指そうと決めたのである。

高専で専門科目に当てられた時間が普通科高校の単位にならない関係で、高専二年生の一月末に退学した私は、岐阜県立大垣南高校の一年生に二月から編入学した。編入学に当たって岐阜県立の進学校三つに問い合わせたが、編入試験を受けることすら叶わなかった。

大垣南高校は四つ目で、あとで知ったことだが安田桃太校長先生のご決断に、私は助けられたのである。安田先生は戦前に旧制愛知県商業学校に入学した後に大学に行きたくなったが、旧制の県立中学校は編入試験を認めず、当時まだ進学実績のない私立の東海中学のみが受け入れてくれたという。そのおかげで先生は、旧制八高、東京帝大経済学部へと進学することができた。ご自身の体験から、私に同情と期待を寄せて下さったのであった。

高校の編入試験の数学をはじめ、編入後の数学・物理・化学は楽なものであった。高専では二年の秋までに高校の数Ⅲを終えて、偏微分やテーラー展開という理系の大学の一般教養科目のレベルに進んでいたし、物理・化学も高校の範囲を終えていたからである。安田先生は時折校長室に私を呼んで、かつての教え子の例を挙げ、君の家は豊かでないので文学部に進んで学者になるのは苦労するだろうから、京大でも医学部か、外交官になるなど就職に強い法学部へ進んだらどうか、などと助言してくださった。安田先生によると、先生は経済学者になろうとしたが結核に罹り、経済面からもあきらめざるを得なくなり、療養の後、新制高校の教員になった挫折の経験があった。しかし、私には高専に適合しなかった苦い経験があるので、文学部志望は変えなかった。

高三になり、担任となった三輪達先生から日本史を教わるようになった。高二から始まっていた世界史の授業も楽しかったが、三輪先生の日本史は、歌舞伎などの伝統芸能にまで話題が豊富で、さらに面白かった。三輪先生も旧制の大垣中学、四高、東京帝大法学部を出て、鐘紡に就職し、本社の営業課長にまでなりながら専務と対立して会社を辞め、高校の社会科教師になったという異色の経歴の持ち主だった。進路指導もおおらかだった。私が京大文学部に入って日本近代史研究者を目指すと述べると、先生が鐘紡時代に京都にいらした頃のことや京大の話で、盛り上がった。安田校長といい、私は異色の経歴の人から恩恵を受けていることを、改めて思う。

日本史の解釈をめぐって、三輪先生に食い下がったこともある。三輪先生が日清戦争と日露戦争を帝国主義の戦争だと論じたのに対し、私は日本の防衛戦争だったのではないかと質問したのである。先生は、大学に入ってレーニンの『帝国主義論』を読めばわかる、と言われた。それから五〇年近く勉強を積んだ私は、この点に関しては、高校生の私に分があったと考える。日本は安全保障への不安から日清戦争や日露戦争に踏み切り、さらに、日露戦争は両国の誤解も加わって起きた、ととらえている。高三の私の理解は浅かったが、当時流行していたマルクス主義的な解釈に違和感を持ったことが思い返される。

京大文学部入学後の迷い

一九七二年（昭和四七年）四月、私は希望通り京都大学文学部に入学した。旧制高等学校出身者がまだ現役で活躍していた時代である。旧制一高（のち東大教養学部）の「自治」に対し、旧制三高（のち京大教養部）の「自由」という空気への憧れもあった。

教養部の授業（現在の一般教育）には、西洋史の野田宣雄先生のナチス＝ドイツの講義など、緊張感と深みのある面白いものがいくつかあった。英語の講読等の授業でも、私の予習では予想もつかぬほど、英文を正確に深く読解する講義もあり、舌を巻いた。その一方で、少なからぬ授業が、教授の主義主張を論じるだけのような大雑把なものか、論理がしっかりせず何を訴えたいのかわからないものであった。非常勤講師も含め、京大で教鞭をとる人は立派な学者ばかりと思っていた私には、最初は状況がよく把握できなかった。しだいに、教養部の授業に幻想を抱くのをやめ、あまり意味がないと思われるものは単位を取れる程度出て適当に休んでよいと考えるようになった。レベルに問題があると思われる授業に出会うのは、その後文学部に進んで専門科目を取るようになってからも同様だった。

その問題以上に教養部時代に頭を悩ませたのが、マルクス主義の問題であった。入学以来、大学生協に並んでいる歴史書を中心に、興味ある本を購入しては読んだが、多くはマルクス主義系の著作であった。たまたま知り合った文学部史学科国史学専攻の学部生も、マルクス主義を支持していた。マルクス主義の考え方を極めてざっくりといえば、社会は大資本家が主人公の資本主義段階から最終的に社会主義、さらに理想的な共産主義段階へと発展し、労働者・農民が主人公となり平等で戦争のない平和な世界になる、という思想である。歴史研究は、その中がさらに区分されたどの段階にあるのかを明らかにし、次の段階への課題を提起するのが使命とされた。歴史の実証は、「科学的」に段階を理解する手段とされた。例えば、明治維新は「絶対主義革命」か「ブルジョア革命」かの論争は、当時まで流行していた。

したがって、歴史研究の主な対象となるのは次の段階への時代を作る労働者・農民であり、それ以外の「支配者階級」は、労働者・農民の運動に対してどのような姿勢をとったかを中心に、消極的に論じられる存在とされた。

また、資本主義段階の中で、一九世紀後半から帝国主義の時代に入っており、第二次世界大戦後の一九七〇年代になっても、先進国（列強）が発展途上国（後進国）を搾取する状況は本質的に変わっていないとされ、日本帝国主義やアメリカなどの世界の帝国主義を分析することも、マルクス主義歴史学の課題とされていた。

私は、スターリン独裁やハンガリー動乱、チェコスロバキア侵攻を考えると、どうして社会主義が良いのか理解できなかった。

何よりも、日本人の少なくとも四分の三以上はマルクス主義を信じていないにもかかわらず、日本近代史研究の世界は現実の社会とズレているのではないか、と思った。

また、少年の頃から父の周りの国鉄労働者の姿を肌身に感じていたので、「労働者・農民の国家」が理想の国になるようには思えなかった。彼らの多くが人懐こく親切な反面、自分の手近な利害しか見えず、妬みあい、足の引っ張り合いもしていたからである。むしろ、どんな国家でもどんな段階でもそのようなことは起こりうるので、政治のリーダーはどうあったのかを研究し、どうあるべきなのかを論じるべきだ。また、それは真面目に働き努力する人々がそれなりに報いられる社会を作ることと関係させるべきであろう、と私は考えた。


入学後一年前後で、このような気持ちにたどり着いたとき、自分が時代にふさわしい新しい歴史学を作れるかもしれない、という妄想のような考えも浮かんだ。しかしそれよりも、当時の歴史研究者の潮流とは異質な自分が研究者としてやっていけるか、という不安を強く感じるようになった。もっとも私の波長と合う日本近代史の本がなかったわけではない。それは、自ら収集した膨大な一次史料を使ってロンドン海軍軍縮条約をめぐる政治抗争を論じた伊藤隆『昭和初期政治史研究』、政党政治の形成と原敬のリーダーシップを論じた三谷太一郎『日本政党政治の形成』、初期議会期の政治史を論じた坂野潤治『明治憲法体制の確立』(いずれも専門書)、大久保利謙『日本全史』(専門書と一般書の中間)、岡義武『山県有朋』、高橋正衛『二・二六事件』(いずれも新書)などである。著者は、東大や東大系統の先生がほとんどである。すでに高専に入って一年遅れている自分が、弟妹も大学進学を控えている状況で、東大を受けなおすことはできなかった。

二年次になって、教養部で、たまたま上横手雅敬先生(日本中世政治史)のゼミと講義を受講した。ゼミは、戦国大名の領国統治の法(分国法)を読んで発表するのが課題である。上横手先生は「イデオロギーほどくだらないものはない、腹さえふくれない」と話すような非マルクス主義者で、その講義は長期的視野に立ち、しっかりした骨格があり、新鮮であった。

そこで五月のある日、ゼミの後に前記の悩みを相談してみた。僕のところで中世史を研究してみたまえ、とでも言ってもらえるかと期待していたのかもしれない。しかし先生は、近代史をやりたいなら文学部の松尾君が同窓なので彼に聞きたまえ、とその場で松尾先生に電話してくださり、面会の日時まで決めてくださった。

松尾尊兊先生との出会い

松尾尊兊先生*は、当時、文学部史学科現代史専攻の助教授で、マルクス主義系の先生であった。『大正デモクラシーの研究』**などの専門書を出しておられたが、まだ読んでいなかったので、すぐに購入し、じっくり読んだ。当時の労働者・農民を重視する視点だけでなく、彼らと学者、ジャーナリスト、弁護士などの知識人（新中間層）との連携を重んじていたのが新鮮で、実証的な研究にも好感が持てた。

指定された六月初旬のある日、私は松尾先生を研究室にお訪ねした。これまで読んだ本で最も共感したのは何かと聞かれたので、伊藤隆先生の本が膨大な未公刊の一次史料を使って新しい事実にもとづいて論じており、面白いと思いますと述べた。マルクス主義が合わないなら研究者への道は難しいといわれるかもしれないと覚悟しながら、そうなれば法学部の三年次に転学部して弁護士でも目指せばかえって金持ちになれるかもしれない、と半ばやけになりながら、正直なところを答えたのである。入試等の成績が法学部への転学部要件を十分に満たしていることは、確認済みであった。松尾先生の答えは意外にも、そんな難しい本が読みこなせるなら研究者の道へ進める、というものだった。先生はなぜか、

*松尾尊兊（1929-2014年）
まつお・たかよし　京都大学名誉教授。

**『大正デモクラシーの研究』
歴史学研究叢書、青木書店、1966年刊。

自分の現代史に来いとは言われないで、実質的に指導はしてあげるから国史へ進みなさい、と助言された。

学部に所属する三年次からは、松尾先生のご助言通り、国史学専攻となった。国史には日本古代史の大家と知られる岸俊男教授と、中世史の大山喬平助教授、近世史の朝尾直弘助教授といった気鋭の先生方がおられた。授業は史料をいかに解釈するかが中心で、マルクス主義色はあまり感じられなかった。私は二年次からを含め、卒業までの三年間で、前近代の史料解読を通し、史料を厳密に読む訓練を受けたことが、大きな財産になったと思っている。

その一方、松尾先生の講義を最も力を入れて受講した。講義は『岩波講座　日本歴史〈新版〉近代六』に先生が書かれる論文「政友会と民政党」の準備過程を素材としたものであった。全講義終了後に論文が、当時は権威があった著名な講座の一部として発刊される。講義と学会の最先端がつながっている、と考えると、京大文学部に入ってよかったとの誇りを感じた。私は、次の講義の対象となる部分について本や論文のみならず、公刊された史料も読んで臨み、疑問に感じることを講義終了後に質問した。毎回三〇～五〇分に及び、今思うと忙しい先生はご迷惑であったろうが、時間のある限り丁寧に答えてくださった。私は一週間ごとに研究能力がぐんぐん伸びていくのを実感した。

また松尾先生は、私が一年次に読んで面白いと思った本の一つ、三谷太一郎『日本政党政治の形成』*に対する好意的書評を、すでに学術雑誌に発表されていた。マルクス主義と非マルクス主義、京大文学部と東大法学部という異なった系統に属しながら、二人は互いに評価しあい、仲がよさそうであった。この先生の下でなら、私も安心して自分の歴史学を形作っていける、と思った。

三年次の講義が終わった一九七四年一一月末、私は松尾先生に卒業論文のことを相談した。一年三ヵ月後に大学院入試があるからである。当時の院入試は極めて難しく、専門と外国語（一次）、論文（卒論）を中心とした面接（二次）の二つで合否が決まり、一次がどんなに良くても二次が悪いと落とされた。すぐれた研究者の卵は卓越した卒論が書けて当然とみなされていたからである。

私が出したいくつかの卒論テーマの候補の中で、先生は、元老制度についてのものが最も可能性がある、と断言された。講義のレポートとして小手試しに書いてみなさい、三月末の期限は一、二ヵ月伸ばしてもよい、と言ってくださった。当時の京大文学部はすべてにおおらかで、三年次の成績は四年次の五月か六月に、各授業五月雨式に発表されていた。レポートも事務室に出しても直接先生に渡してもかまわなかった。松尾先生は旧制松江高校出身であるが、文学部には旧制三高から京大文学部出身の先生が多く、「三高閥」などと

*『日本政党政治の形成―原敬の政治指導の展開―』
東大社会科学研究叢書、東京大学出版会、1967年刊。

いう言葉もあった時代である。レポートの質を重視して期限は柔軟に、というのが三高の「自由」の名残かと思った。

元老は慣例に基づく制度で、伊藤博文、山県有朋ら明治維新の有力者が構成員で、後継首相を天皇に推薦するなど、政治に大きな影響力を持っていた、等とどの歴史辞典にも書いてあり、高校の教科書にも登場する。しかし、いつなぜできた制度なのか、その時点の構成員は厳密に誰と誰か、などの基本的な事項さえ曖昧であった。

他のレポートや試験もあったので、私は一二月から元老のレポートに実質三ヵ月ほどを費やし、四〇〇〇字詰め原稿用紙約七〇枚にまとめて、翌年四月下旬、松尾先生のもとに持参した。一週間ほど経って、先生から「とても良い、これで卒論はできた」との講評と、修正すべき点についての助言を頂いた。目の前に少し道が開けた気がして、ほっとしたのを覚えている。

その後、卒論提出期限までの約八ヵ月は、主にレポートをもとに卒論を仕上げることを中心に過ごした。翌年春、大学院合格と卒業も決まり、修士論文の相談もかねて先生に会いに行ったところ、卒論を直して『史林』に投稿するように、とのお言葉をいただき、四〇〇字詰め原稿用紙約二五〇枚の卒論を、元老制度の形成を中心に三分の一ほどに縮めるよう助言された。論文が『史林』や『日本史研究』等の学術雑誌に掲載されるのは修士論文の中程度以上のものであり、まして卒論となれば、文学部国史学専攻では数年に一人くらいである。ようやく研究者としてやっていけそうだという自信がついた。

大学入学以来、京都で下宿生活を送りながら、アルバイトをほとんどせず、勉学に集中できたのは、日本育英会（特別奨学金）と矢橋謝恩会の二つの奨学金、および両親からの仕送りのお蔭と、感謝している。奨学金と仕送りがほぼ半々で、勉学と研究生活を支えてくれた。

矢橋謝恩会は、矢橋大理石株式会社の経営者の矢橋亮吉会長が東京高等工業学校（現在の東京工業大学）在学中、土光敏夫（のちに東芝の社長・会長から経団連会長）が経済的に苦しく、つぎの当たったボロの学生服を着て勉学に励んでいたことを見て、その後に岐阜県出身の苦学生のために創設されたそうである。奨学金は返済の必要のないものであった。三輪先生の助言で大垣南高校の校長推薦ということで、申請書を一枚書いただけでもらえることになった。

二つの奨学金がなければ、下宿して京大で学ぶことができなかったかもしれないし、たとえ入学してもアルバイトばかりで、たくさんの研究書や史料集を買い、研究者を目指す勉強はできなかった。

大学受験を目指していた夏、当時高価だったエアコンが自宅になく、汗まみれになって勉強しながら、貧富の差に憤りを感じていた。しかし、困難を克服する自立心さえあれば、希望の道を切り開くことができる。今の社会に改善すべきところが多いのは確かだが、マルクス主義系の人たちが言うような打倒すべき社会ではない、と思っていた。

ほんとうに研究者になれるのか

大学院に入り、京大の国史学専攻の院生、他大学の院生および研究者たちと学会や研究会などでより身近に接するにしたがい、私が大学入学直後の一年間に抱いた圧迫感が、より増幅されて感じられるようになった。国史研究室で近代史を専攻する先輩院生たちの研究テーマは、労働運動、農民運動、部落解放運動などの運動史や日本帝国主義の研究であった。それ自体、異なった分野を知る勉強にはなるが、私の歴史研究の価値観やスタイルの確立には参考にならない。このような話は、松尾先生に相談してもどうにもならなかった。

東京の国立国会図書館憲政資料室に調査に行った際に、東大文学部や法学部の院生、助手たちと知り合い、学部の一年次に読んで面白かった伊藤隆先生や三谷太一郎先生の著作等について語り合って、話が弾んだ。また、マルクス主義的な日本近代史像に代わる歴史像を作るべきとの意見でも一致したが、どのような像なのかまでは話が展開できない。政治指導者の史料をたくさん収集して読み込み、実証的に研究すべきだといった程度の話にしかならない。あとは、憲政資料室等にこんな新しい史料が入った、等の史料情報の交換に終わる。

当時、憧れの一つであった岡義武『山県有朋』*は、マルクス主義を離れ、山県の生誕から死までを、山県の陸軍創設と山県閥支配、政党の台頭や大正デモクラシーという時勢への適応を十分に成しえない苦悩を実証的に描いたものだ。しかし、山県への積極的な評価がない。

本来なら、卒論で元老制度について論じ、個々の元老の動向や性格についても考察したので、その中心である伊藤博文などを修士論文の研究テーマに選び、博士論文につなげるべきであろう。しかし、日本近代の人物をどのように論じるべきか、岡先生の著書を参考にしてもわからなかった。また、有力藩閥政治家を研究対象とし、ある程度でも肯定的な評価をしていくことは、文学部国史の院生・先輩や彼らと親しい研究者間では異質であり、孤立する可能性も感じられた。

結局、修論のテーマとして一九三二年からの政党政治を選んだ。中心は、五・一五事件で犬養毅首相が暗殺され政党政治が崩壊した後、当時の衆議院の二大政党である立憲政友

*『山県有朋―明治日本の象徴―』
岩波新書、岩波書店、1958年刊。

会と立憲民政党が、軍部の台頭を抑え政党政治を復活させようと連携を模索する運動である。心の奥には、軍部を否定し、政党政治を復活させるテーマなら、国史学専攻内で孤立することはなく、松尾先生や、公式の指導教官である朝尾先生との関係を維持できる、との考えもあったかもしれない。

しかし、多くの史料を収集したにもかかわらず、結果は惨憺たるものであった。五・一五事件以降の政党は、国民の要望に配慮し、国内外の状況に対応する新しいヴィジョンを打ち出し、それを実現するため、連携していくものではなかった。党勢拡大や閣僚等のポスト、利権など、主に自らの利益のために動くものだとわかった。政党政治の発展期である、第一次や第二次の護憲運動の時期の政党とはまったく異なっており、ジャーナリズムからは、国民の窮乏の中で何も対応しようとしていない、と「腐敗堕落」を厳しく批判される存在であった。

そこでしかたなく、修論の一部分であった一九三〇年代の選挙法改正問題を修論として提出、規定の二年で博士後期課程への進学を認められた。幸い、この論文も『日本史研究』に掲載された。

一九七八年四月に博士課程に進学して、三、四ヵ月考えた後、一冊の研究書として刊行し、博士論文とするためのテーマを「大正デモクラシーと政党政治」と定め、原敬内閣から犬養内閣までを対象とすることにした。やり始めて一年ほどすると、少しずつ視角が明確になってきた。それは、第一次世界大戦中に欧米より日本にデモクラシーの潮流が流入し、また大戦後に国際秩序が大きく変わり、列強間の経済競争がさらに激しさを増し、日本は不況になる中で、原内閣以降の政党・政党内閣や官僚が行った政治改革の実態を考察することである。また、日本の各地域の状況や社会運動をどう反映していたのかも検討しようとした。

恩師の松尾先生は、この時代の前半をデモクラシーの潮流、すなわち普通選挙運動や労働・農民運動等に、政党・政党内閣・官僚がどのように対応しようとしたのか、という視角で論じていた。また後半を、軍部の台頭を防ぐ可能性があったかという視角で、政党内閣と国民の関係や政党相互の関係を論じていた。もちろん松尾先生に言えることではないが、わずか十数年間の時代を分析するのに、その前半と後半で視座が異なることは問題ではないか、と私は思っていた。そして、一貫した視座とは何か、と考えた。

そこで、私の研究は政治の要素として、マルクス主義的に普選運動などの社会運動を中心に見るのでなく、それを一要素ととらえ、外交や経済も含めようと考えた。また運動の要求がどの程度反映されたかを評価の基軸とするのではなく、日本にどのような選択肢があり、リーダー層はそれをどこまで行えたのかの視座を設定することにした。したがって、運動側の要求でも、すべてを実施すべきとはとらえなかった。これは一九七〇年代後半までに財政赤字の中で、美濃部都政などの革新自治体と同様に、自民党の鉄道建設などの利益誘導政策も行き詰まりつつあったことに、影響を受けていたのだろう。

私は、大正デモクラシー運動を新しい時代を作るエネルギーとして評価しているので、松尾先生も含め、周囲のマルクス主義者にも受け入れてもらえるだろうと期待した。先生と同じ時代の類似したテーマを研究するため、衝突するリスクを考えないわけでもなかったが、これまでの先生の姿勢から、何とかなるだろうと思った。卒論以来、伊藤博文、原敬ら大きな仕事を成し遂げた政治家を知るにつけ、彼らが必要ならリスクを冒すのを恐れないことを知っていたからでもある。

詳しく述べる余裕がないが、なぜ運動を中心にせず「支配者層」を中心に研究するのか等、周囲から私への様々な反発や批判があったのは事実である。その度に、負けずに反論した。以上の研究をまとめて、オーバードクター時代の最後の年、一九八七年に拙著『大正デモクラシーと政党政治』*を刊行、その五年半後に博士号を得ることができた。教授となって現代史学専攻を運営されていた松尾先生が、定年退官を前に、私に博士論文を提出せよと言われたのである。国史の朝尾・大山両教授も審査に加わってくださった。その頃の京都大学文学研究科では、関係教授が定年を前に、何人かの主な弟子のみに学位を与え

＊『大正デモクラシーと政党政治』
山川出版社、1987年刊。

る、という慣行が生きていた。

七年間のオーバードクター時代

話を大学院生時代に戻すと、その五年間は、日本育英会の院生対象の奨学金と大阪府高槻市の市史編纂室の嘱託としての収入で生活していた。高槻市史での仕事は、市内から集められた近代・現代関係の史料および市の所有する行政文書、議事録などの整理と目録作りである。この仕事によって、高槻市という地域から見た日本の近代史・現代史がつかめたことと、各自治体にどのような形で史料が保存されているのか、またどのように史料を集めればよいのかを学ぶことができた。私にとってはもう一つの大学院といえた。

しかし、大学院終了後の七年間、私は研究室助手にもなれず、他の大学の専任ポストに就職することもできなかった。人並以上に良質の学術論文を数多く書き、学会活動も人並にやっていると自負していたにもかかわらず、である。

友人・知人たちが恵まれたポストを得ていく中で、私は予備校で大学受験の日本史を教え、立命館大学で非常勤講師（通年で九〇分授業二つ）をし、また兵庫県の城崎町史・豊岡市史・出石町史の専門委員や執筆委員としての手当・原稿料を得て、何とか研究を続けた。長い間ポストに就けなかった理由は、今でもわからない。私の不徳や不運もあるのだろうが、時流によるところも小さくないのであろう。

オーバードクター最初の一、二年はそのうちにポストは来るだろうと思っていたが、四、五年目頃からどんなに業績を上げても就職できないのでは、という疑心暗鬼が起こってきた。大学入学以来、ほとんど全力で研究に打ち込んできたのに、と思うと怒りが込み上げてくる。しかし、倒れるまで研究をやろうと決意し、好きな酒は断てないが、生活費はなるべく切り詰め、史料収集には人一倍資金を投入した。恵まれた条件にいる研究者に一歩でも後れをとるなら私の存在価値はない、と思うまでに切迫した気持ちからである。

この七年間を精神的に耐えられたのは、高専に合わず一年遅れる形で高校に編入し、目標通り京大文学部に入る経験をしたからであろう。一六、七歳の私にとってあの体験は、自分の決断と支えてくれた人のお蔭で苦難を乗り越えた、という自信となっていた。

伊藤博文にも苦難の体験があった。文久三年(一八六三年)五月、二〇歳の時にイギリスに密航の旅に出て、一年後の六月に攘夷をやめさせようと長州藩に戻ってくる。命がけで攘夷中止を説得したものの失敗するが、元治元年(一八六四年)末に高杉晋作の挙兵に参加、翌年一月末までに長州藩の実権を幕府への恭順派(「俗論派」)から奪い取る。この一年八ヵ月間に、伊藤は生死を賭けた決断を何度か行い、長州藩の維新への道に貢献した。

＊『伊藤博文―近代日本を創った男―』

講談社、2009 年刊。

維新後、伊藤がトップリーダーとなってから、一八八九年に薩摩閥を敵に回すことを覚悟して大隈重信外相（黒田清隆内閣）の条約改正を中止させた。一八九二年には長州系も含め藩閥官僚のほとんどから反発されることを承知で、品川弥二郎内相の選挙干渉に異を唱えた。伊藤は自分の権力の保持を中心に考えるのでなく、やるべきと思うことを信念をもって行う。それが、明治天皇との間に強く信頼の絆ができた理由である（拙著『伊藤博文』*）。

原敬も、一五歳で東京に遊学に出てから二六歳で外務省に採用されるまでの間、希望に向けて様々な決断をし、フランス人宣教師の下僕になるなど、正味七年間の苦難を乗り越えた。この体験が、伊藤博文が政友会総裁を辞任した一九〇三年七月以降、自らが党のリーダーとして、強力な権力を掌握している山県有朋系官僚閥に対抗しつつ政党政治を実現していく精神的強さとなる（拙著『真実の原敬』**、同『原敬』***）。

私の状況は、伊藤や原ら英雄の仕事や困難と比べるべくもない。しかし、高専で進路変更を決意してから京大に入るまでの三年間と、オーバードクターの七年間を乗り越えたことで、精神的に強くなったと思う。その後の様々な岐路に立っても、ほとんど動揺せず、伊藤や原らを思い、やるべき正しいことは何かを中心に考えて行動してきた。

**『真実の原敬―維新を超えた宰相―』
講談社現代新書、講談社、2020年刊。

***『原敬―外交と政治の理想― 上・下』
講談社選書メチエ、講談社、2014年刊。

坂野潤治道場

再び話をオーバードクター時代に戻そう。私は政党政治の研究を志した修士課程の頃から、坂野潤治先生*（当時、東京大学社会科学研究所助教授）の明治後半を対象とした研究に特に注目するようになった。坂野先生の研究は、旧来の日本帝国主義の形成といった枠ではなく、大日本帝国憲法という枠を重視し、対外危機と財政難という状況下で、藩閥官僚勢力と政党が対抗して、なぜ政党が台頭していくのかを論じる視角が新鮮だった。また、政治家の手紙や政府の文書などの一次史料を読み、商工業者や地主層の動向も組み込んでいた。

おそらく一九八二年の春頃、友人の御厨貴氏（東大法学部卒、当時、東京都立大法学部助教授）から坂野先生が東京で研究会を行っていることと、先生が、明治維新や政党政治の展開と崩壊に関心を移していることを聞いた。その研究会には、マルクス主義者の日本近代史研究のスターとなっていた宮地正人先生（当時、東大史料編纂所助教授）も中心メンバーとして参加しているという。宮地先生と東大法学部出身で東大や東京の有力大学等に職を得ている若手の俊英を混ぜ合わせて議論させ、自分が刺激を与えたら何が生まれる

*坂野潤治（1937-2020年）
ばんの・じゅんじ　東京大学名誉教授。『近代日本の国家構想』で吉野作造賞、『日本憲政史』で角川源義賞を受賞。

のか、というのが坂野先生の狙いという。私はその研究会に手弁当でも参加して自分を磨きたい、と思った。

たまたま私は、一九八二年の日本史研究会（京都）と歴史学研究会（東京）共催の近代史サマーセミナーの企画を立てる日本史研究会側の委員だった。このセミナーは、毎年夏に一泊二日で若手の研究報告を行い、目玉として一年以内に出た話題の本一冊を選び、著者をお招きして書評会を行っていた。坂野先生の近著『大正政変』**は、若手の間でも話題になっており、マルクス主義系の若手が多いセミナーに誘われたとなると、手弁当の条件でも自負心の強い先生はきっと来てくださる、と私は確信していた。また私は、セミナーで自分の研究報告をし、能力をアピールして先生の東京の研究会に誘われたい、と思った。

サマーセミナーは箱根で開催された。坂野先生ご参加のもとで『大正政変』を書評会で取り上げ、私が司会を務めた。司会者として、「帝国主義」の観点がない云々の批判がしつこく出たら議論を正道に戻してやろうと構えていたが、まったくそんなことは起こらなかった。また私自身は、すでに触れた『大正デモクラシーと政党政治』として刊行される研究の基幹となる部分を報告した。坂野先生からの反応は予想通り良かった。若手注目の坂野先生が参加してくださったことで、サマーセミナー参加者は例年よりずっと多く、評判も上々だった。一九七九年末にソ連のアフガニスタン侵攻もあり、日本近代史研究者の意

**『大正政変―1900年体制の崩壊―』
ミネルヴァ書房、1982年刊。

識も変わりつつあったのだろうか。

坂野先生はとても機嫌がよく、セミナーを閉じる二日目の昼食時に、私が参加を望んでいた研究会を含め、先生が東京で主催して始めようとする二つの研究会に、私を誘ってくださった。二つ返事でお引き受けし、私は同年秋から一九八四年二月まで、毎月二つの研究会に出席し、自分の報告もした。その成果は、坂野潤治・宮地正人編著『近代日本史における転換期の研究』*、坂野潤治・有泉貞夫編著『年報・近代日本研究六　政党政治の成立と崩壊』**として刊行され、特に前者は注目された。私は二冊の本に、長い論文を自由に書かせていただき、感謝している。

研究会後の酒場での議論も含め、とても楽しく勉強になった。一ヵ月ごとに自分の研究能力や歴史への洞察が深まっていくのが感じられた。京都から東京の坂野道場に出かけて先生はじめ東京の俊秀たちと厳しい稽古をしている感覚であった。東京に行くと何日か宿泊して、国会図書館憲政資料室で政治家の日記や手紙などの一次史料を収集した。すべて手弁当であったが、研究が向上しているという手ごたえがあり、負担感はなかった。

ところで、私は二つの研究会や終了後の懇親会で、坂野先生と議論し、自分の著書の論理をさらに明晰にするとともに、次の著書や今後の研究全体へのヒントを得ようとした。年報の研究会の方が、私と同輩かより若い研究者が大半であったため、私の関心を坂野先

*『近代日本史における転換期の研究』

山川出版社、1985年刊。


**『年報・近代日本研究6　政党政治の成立と崩壊』

山川出版社、1984年刊。

生にぶつけて議論の中心になる場面に多く恵まれた。

　先生に議論の相手をしていただいたことは、今でも感謝している。しかし、そのうち、先生の史料の使い方や研究成果、歴史観に疑問を持つようになってきた。その一つは、福沢諭吉ら言論人は別にして、日本近代の政治指導者に一貫した思想を認めないことである。たとえば、伊藤や原を、状況に適応しようと短期的に動く政治技術者的にとらえる傾向である。これでは、自由民権運動や労働運動、農民運動等の運動側に新しい社会への理念を認めながら、体制側（支配者側）にはそれを認めないマルクス主義史学と同じではないか。当時、私は伊藤や原の史料を全生涯にわたって、幅広く見ていたわけではなかったが、直感的に、伊藤や原らには若い時代から議会を重視する立憲政治形成の理念があったのではないか、と考えていた。原については、三谷太一郎先生や後述する山本四郎先生の方が、実像に近いように思われた。

　もう一つは、坂野先生は著作の構図の着想を得る際に、大津淳一郎、徳富蘇峰、美濃部達吉などの雑誌評論や著作を参考にしていることである。これでは松尾先生が研究対象と同じ時代の『朝日新聞』の社説を参考に、普選運動や普選法・治安維持法制定過程を論じる政治史の構図を作っていることと同様ではないか。すぐれた知識人やジャーナリストが同時代を深く洞察していたことは確かであるが、彼らは当時の機密史料を見ることができず、政権内部の実情をつかんでいたわけではないので限界がある。松尾先生や坂野先生の著作は、対象とする時期によって視点が大きくずれている。その理由はその手法のせいではないかとも思うようになった。

坂野先生については、国史の二年後輩で、やはりオーバードクターであった高橋秀直*君に私が研究会を通して知った事実や考えたことを話し、二人で違和感を確認し合った。一九八四年夏、ずっと議論しながら六甲山をハイキングした日の結論である。

ともかく著書を出版しよう

私は、新聞等で当時の雰囲気を同時代人と同じレベルにつかみ、権力内部の史料を十分に読み込んだうえで、同時代の評論等にあまりとらわれずに自分の構図を作るべきではないか、と考えていた。それは、日本の近代とは何か、という問いへの解答であり、明治維新以来の一貫した論になるべきである、と。

とはいえ、三〇歳代前半の私には、日本近代を貫く構図をどのように見つけるのか、見当すらつかなかった。とりあえず、研究をできる限り前後の時期を考慮しながら、先に触れた『大正デモクラシーと政党政治』として刊行しようと尽力した。当時、松尾・三谷・

*高橋秀直（1954-2006年）
たかはし・ひでなお　元京都大学助教授。在職中に逝去。

坂野の三先生らトップクラスの研究者は、処女作の研究書を三〇代半ば頃までに出しておられたからである。

他方、オーバードクター五年目あたりになると、文系の業績には何を評価するのかをめぐり主観的要素が入る余地が大きいので、私が東大の非マルクス主義系の人々にいくら評価されても、学閥の問題もあり、このまま定職に就けないのではないかという不安も強まってきた。ともかく一冊だけは長く残る研究書を刊行し、一、二年で就職できなければ潔くあきらめようと漫然と考え始めた。司法試験を受けて弁護士を目指すにせよ、あまり年齢が高くなっては難しいと考えたからである。太平洋戦争中に若い日本史研究者が生きた証にと本の原稿を残して出征し、戦後に本が刊行されて高い評価を得たが、著者は結局帰らなかった、との話を聞いたことがある。それに比べると、私の場合は本を手に取れるだけでも、まだましに思えた。

そんな気持ちでいた時に、坂野先生の『年報』の研究会で知り合った村井幸恵と、一九八六年三月に結婚した。その頃お茶の水女子大に日本近代史の専任の先生がいなかったので、非常勤講師として出講されていた坂野先生に、ご好意で卒論指導まで受けた。卒業後、桜蔭学園という中高一貫の女子校に就職して二ヵ月ほどしたところで、卒論の出来がよいということで研究会での報告を命じられ、途中から参加した。部屋に入ってきた時から好感を持ったので、報告にかなり厳しい質問をしたところ、わからないところはわからないとごまかさずに誠実に答えたところが気に入った。最低の境遇で結婚できたことは、変な自信になった。

京都薬科大学の「英語の先生」

一九八六年夏、山本四郎先生（京都女子大文学部教授）から、京都薬科大学のポストの話があり、翌八七年六月に学長面接・理事会面接を経て、八八年四月からの専任講師としての採用が決まった。教授まで昇進していける任期なしのポストである。しかし、一般教育の歴史学担当ということであったが、通年で九〇分授業の歴史学一つ、英語四つを教えるのが主な仕事であった。仕事においても英語専任の先生方と常に一緒に行動するので、薬学を専門とする先生方から、私も「英語の先生」と呼ばれていた。

薬大での授業負担は、予備校等の半分以下で、年収は二倍以上となり、これで研究が進むと喜んだ。英語の読解には自信があったが、「英語の先生」になるために、就職が決まると、ラジオやテレビのニュース等で生の英語を毎日数時間聞いて、シャードイングにも努めた。人生において、薬大採用決定から在任中の二年九ヵ月ほど、英語を集中して勉強したことはない。いずれ長期の在外研究を行い、アメリカかイギリスで本場の両国の歴史・政治・文化を学べれば、私の日本近・現代史研究の枠組み作りに生かすことができるだろう、と考えたからでもある。

その頃、私の処女作本が刊行された。評判は上々であった。しかし、こんなに英語を勉強しても本当に長期の在外研究の機会が来るのか、との疑念も消せなかった。

いずれにしても、山本先生には今でも感謝している。京大人文科学研究所の研究会で知り合い、京大文学部陳列館（現在の博物館）所蔵の吉田清成関係文書の翻刻（解読）作業の指導をお願いした。吉田清成は薩摩出身の藩閥官僚中で大久保利通の腹心である。英語に堪能な開明派で、外務次官・駐米公使（現在の大使）などを歴任する。その文書は崩し字の手紙や書類からなる。私は日本近代史研究の新しい方法論を考えることとともに、史料をしっかり読めて事実を確定する能力も必要と考え、高橋君らの友人たちとともに、一九七八年より吉田文書の翻刻を始めたのである。また、一九八〇年に、原敬に関する史料が新しく発見されると、山本先生を中心に私たちもメンバーとなり、同文書の整理・翻刻・刊行を行った。

冷戦の崩壊と名古屋大学文学部助教授へのスカウト

京都薬大二年目の一九八九年七月、大学院時代の公式の指導教官の朝尾直弘先生から、電話があった。名古屋大学文学部（国史専攻）助教授として、翌年四月から赴任するというお話であった。赴任した後でこの人事の中心であった三鬼清一郎*先生から伺ったところによると、名大国史に初めて日本近代史の専任教官を置くにあたり、全国の三〇代から四〇歳前後までの主な近代史研究者五〇人をリストアップし、各人の業績を検討、一〇人に絞り、その中で私が第一位になった。来てくれるかわからなかったが、同じ近世史で旧知の朝尾先生を通して頼んでみた、ということである。

その時、私は名大文学部の国史はおろか西洋史・東洋史など史学科の教官の誰一人として直接には知らなかった。国史には三鬼先生の他に早川庄八先生という高名な律令制の研究者がおられることくらいは知っていた。その先生方が知らない自分を業績で選んでくださったということで、非常に光栄に思った。また名大の日本近代史をゼロから作っていくという仕事にも魅力を感じた。ありがたく承諾し、一〇月の名大文学部教授会で承認され、四月からの赴任が正式に決まった。

*三鬼清一郎（1935年生まれ）
みき・せいいちろう　名古屋大学名誉教授。近世史、信長から家康時代の研究、特に秀吉の朝鮮出兵の研究で名高い。

山本先生・松尾先生・上横手先生・朝尾先生たちはもちろん、同様に国史の先輩である名古屋在住の愛知大法学部教授江口圭一先生も喜んでくださった。江口先生は、「名大文学部史学科は東の東大と西の京大の激突点の位置にあり、日本史はこれまで東大出身者で占められてきたので、君が採用されたのはベルリンの壁崩壊のようなものだ」と歓迎してくださった。ちょうどその年の秋、ベルリンの壁が崩壊し、東西冷戦がいよいよ終わって新しい平和な時代が来るような雰囲気があった。このような決断をしてくださった三鬼先生他の名大の先生方に感謝するとともに、国際情勢の大変動の流れの中で、マルクス主義史学の呪縛も弱まってきていることも感じた。

私は予備校・立命館大でも京都薬大でも学生に全力で接してきたつもりであるが、名大では専門の授業が行え、大学院生を教育して研究者に育てることができるということで、それまでに増して授業や学生指導に力が入った。その熱意が学生に伝わったのか、近代史で卒論を書こうとする学生が増え、その中で優秀な何人かが大学院に進学してきた。

自分自身の研究については、次のテーマを初期議会から日清戦争を経て日露戦争終了までの十数年間の政治外交史と決め、薬大時代から史料や文献の収集を始めていた。それは第一に、近代日本の議会政治（立憲政治）の発展を、国際環境と国内状況の変化と権力抗争を連動させながら論じることであった。また、伊藤博文や陸奥宗光、星亨、原敬らが持っていた思想、すなわち議会政治の発展を図ることで日本経済を活性化させ、極東に安定した秩序を作り日本の安全を確保しようという視角から論じることであった。どこまで構想通りにいくかわからなかったが、少なくとも憧れの坂野先生の主著『明治憲法体制の確立』*を乗り越えられるような気がしていた。三〇歳代の後半になっていた私は、長編の論文が面白いように書けた。

名大から京大法学部教授へ

名大では授業の他、卒業論文・修士論文の指導、論文博士の審査、校務などの負担もあり、英語を勉強する余裕はまったくなくなってしまったが、アメリカかイギリスに在外研究に出たいとの気持ちは続いていた。

そうした頃、村松岐夫先生**から京大（法）の二〇年以上空席になっていた日本政治外交史講座の教授として招きたい、一年後には二年間アメリカに在外研究に行けるよう配慮する、との申し出を受けた。先生の同僚の高坂正堯先生（国際政治学）も私を招くことを強く望んでおられる、という。村松先生は、戦後日本の官僚制の研究で著名な研究者である。私との縁は、教養部以来お世話になっている上横手先生が高校の日本史教科書の編集代表

**村松岐夫（1940年生まれ）
むらまつ・みちお　行政学、京都大学名誉教授、日本学士院会員、文化功労者、瑞宝中綬章。

*『明治憲法体制の確立
—富国強兵と民力休養—』
東京大学出版会、1971年刊。

になられた際に、私に近代史の部分を任され、それに続く現代史の部分を担当できる人の推薦も依頼されたので、お会いしたこともない村松先生を私が推薦したことが発端である。教科書の執筆会議で村松先生にお会いして、その後の懇親会などでお話しする中で、日本の近代・現代観などで意気投合していった。

一方で、名大で同僚や学生たちとは非常にうまくいっており、私の院生たちのことを考えると、有難い申し出を受けるか否か迷った。結局、研究をより発展させる可能性のある道として、京大（法）を選んだ。それは、伊藤博文や原敬などの研究には、旧憲法、国際法、民法など法律の正しい理解が必要であり、京大（法）に移れば、法令の条文を示して自分の解釈が正しいかどうか、同僚の教授たちから容易に聞くことができる、と思ったからである。それは、その後実際にそうだった。同様に、採用一年後にアメリカに二年間出してくれるという条件にも魅力を感じた。

こうして一九九四年四月、京大法学部・法学研究科の日本政治外交史の事実上の初代教授として赴任した。

ハーヴァード大学での二一ヵ月

翌一九九五年（平成七年）七月、私は家内と四歳の娘を連れて、ハーヴァード大学に近いボストンのローガン空港に降り立った。これから一年目は同大学イェンチン研究所、二年目は同大学ライシャワー日本研究所の客員研究員として、講義等の負担なく自由に研究できる念願の生活が待っている。

日本史関係の研究者がアメリカやイギリスなど英語圏で在外研究する場合、⑴その国の日本史研究者との学問交流を行う、⑵その国にたまたまある日本関係の史料を調査する、⑶近代外交史を研究する場合、その国の外交文書等を収集する、の三点が普通のあり方である。⑴・⑵の場合、海外の日本史研究者は日本語が得意なので、英語は日常会話程度が必要なだけである。⑶も英語の読解力が必要であるが、それ以外はあまり必要でない。

私はアメリカでの研究で、⑴・⑶にも配慮するが、むしろ世界をリードするアメリカという国の政治・思想・文化を理解し、アングロサクソンは歴史の本場であるので、特に政治外交史に関し、アメリカ史やイギリス史の手法を学ぼうとした。その際に、薬大時代の勉強があるとはいえ、京大に赴任して多忙な中で、渡米が決まって慌てて再度聴き始めた英語がどの程度役立つか不安であったが、講演・研究報告の聴講や議論に加わることには特に不自由はなかった。

私は、U.S. Foreign Policy（アメリカ外交）、China Seminar（中国研究会）、Korean Seminar（朝鮮研究会）、Taiwan Seminar（台湾研究会）、European Seminar（ヨーロッパ研究会）等、第二次世界大戦から一九九〇年代（現代）までを扱った様々の研究会に出席した。ハーヴァード大の各分野の教授たちは、自分の研究の向上と存在のアピールのため、関係国の財団や企業から色々な形で資金を集め、セミナーを開いているようであった。参加は自由で、昼食時に開かれるとサンドイッチと飲み物が入った紙袋が無料で配布され、時折開かれる立食パーティーも無料であった。

このような中で、最も感銘を受けたのは、学期中に月一回開かれるアメリカ外交史のInternational History Workshop（国際歴史研究会）であった。アーネスト・メイ先生、入江昭先生というアメリカ外交史の看板教授が主催し、三〇歳代のassistant professor（助教授、アメリカの場合五年くらいの任期付き）クラスを中心に、Ph.D. candidate（博士論文提出候補者）たちが十分準備しながらも、緊張した面持ちで報告していた。各報告者は、その場で名を上げようという意欲満々であった。テーマは、「キューバ危機を再検討する」、「原爆投下はなぜ行われたか」等、興味深いものが多いのみならず、自由で論理的な議論が活発に行われた。会の終了後はコーヒーとクッキーが用意され、三〇～四〇分間話し合いが続いた。報告者やインパクトのある意見を述べた人、大御所の主催者両先生を中心に、議論の輪ができた。本当に良質で自由な学問空間が作られていたと思う。

それ以外の場面でも、様々な形でアメリカの歴史と政治を学び、私はアメリカの知識人たちは民主主義において、日本と異なりリーダーを最も重視することに気づいた。簡単に言えば、民主主義とはみんなで集まって決めることではなく、みんなで最良のリーダーを決めリーダーが全体状況を勘案して最もよい路線を提示し、他の意見を考慮しつつ、状況に応じて修正しながらも引っ張っていくことである。

もちろん、当時から大統領選では、有権者への好感度を高める技術や、集票の技術が論じられていた。しかし、リーダーは政策、人間性、精神的強さなどを有権者に訴え、その多数の支持を得て選ばれる必要があるが、国民の意見を平均的に反映した政策を実施するのではない。それ故に、リーダーにはヴィジョンと道徳心が求められるとも考えられていた。アメリカでリンカーン、フランクリン＝ローズヴェルト、ケネディらの大統領研究が盛んであるのは、このためである。

なお、アメリカのリーダー像の特色は、大統領や知事などトップレベルの人々のみならず、小さな集団でもそれが求められ、場合によれば誰もがリーダーとならねばならないことである。このため、リーダーとヒーローが重なってくることにも気づいた（帰国後に起こった事件であるが、わかりやすい例を挙げると、二〇〇一年の九・一一テロの際、まもなく崩れ落ちることが必至の貿易センタービルに、取り残された人々を救出するため、消防士や港湾警察官が自発的に入っていって犠牲になったことである）。私は改めて、日米開戦前に日本軍部が、アメリカは物量に勝るが日本人の方が精神的に強いとみていたことが、とんでもない誤りだったと思った。

アメリカの民主主義では、リーダーの問題に加え、批判する場合に必ず代案を出すことが求められることが印象的であった。日本においては、野党は政府を個別政策で批判するが、予算的見通しも含めた代案は出さない。政府が圧倒的情報を握っているので、政権を取れば体系的政策が出せるという論は、当時の日本ではそれなりに通用していたが、アメリカでは相手にされない。もちろん、これには両国の情報公開の程度の差も関係しているが、むしろアメリカ建国以来アメリカ人が共通に持つ理念の問題だと思った。私は、自由民権運動や初期議会の民党（野党）と藩閥政府との関係の見方にも、新しい軸が加えられると確信した。

これらは私が長年模索してきた日本近代史の新しい方向の根幹に関わり、日本現代史を考える視座ともなった。ハーヴァード大での在外研究で、自分のやろうとしていることがより明確になり、確信が持てた。

ハーヴァード大における日本史教育（外国史教育）の方法にも関心があり、A＝ゴードン教授、H＝ボライソ教授の了解を得て、日本史の博士論文提出候補者のセミナーにも出席した（授業は英語）。特色は、多くの日本での博士論文指導と異なり、その研究が近世を対象としているなら、近世認識に、さらに日本認識に対してどのような影響を及ぼせるのか等、大枠の転換について厳しく質問されることである。これはアメリカの中でアメリカ史、中国史等と異なりあまり関心を持たれない傍流の小さな存在である日本史が、他の歴史分野と競争して生き残るためでもある。しかし逆に日本の日本史は、小さな事実の修正にこだわりすぎ、研究の大きな意味を突き詰めて考えない傾向にある。これでは、外国語に翻訳されるなどの国際化に対応できないし、日本ですら出版が苦しくなるのでないか、と改めて思った。

以上の他、先にも触れた中国研究会で、アメリカ人の学者が中国の成長率の数字等を挙げて、中国は二〇〇〇年代にはアメリカを追い越しかねないライバル国になるであろう、と報告した。私は、日本の例を見ても高度経済成長がいつまでも続くわけがない、アメリカの中国研究者は注目を集めて資金を得るためにオーバーに論じているに違いない、と思った。しかし現実には、時期は少し遅れたが、現在の中国は二〇三〇年頃にはＧＤＰでアメリカに並ぶ、と言われるまでに成長している。アメリカのすぐれた研究者の本質をつかむ能力を改めて感じる。

それに比べると、アメリカの日本現代研究のレベルは高くなかった。一九九〇年代半ばといえば、バブルがはじけ日本経済が停滞していたせいか、アジア研究の焦点は中国に移っていたからである。一例を挙げれば、菅直人厚生大臣の薬害問題への取り組みを取り上げ、菅が辞めたのは保守的な厚生官僚に追い出された、と結論付ける報告があった。菅の辞任は内閣が自民党単独政権に変わったからにすぎない。あまりにひどいので、私が誤りを指摘すると、私の雰囲気に圧倒されたのかあっさりと誤りを認めたが、しかし報告の趣旨はこうこうで変わりません、と強弁した。厳しい競争社会で生きぬいていくアメリカ人学者の弁論術を垣間見た思いがした。

一九九七年三月末、私たち一家は帰国した。私は四四歳になっていた。伊藤博文が近代日本の国家体制をどう作るかの確信を持ってドイツ・オーストリアを中心にイギリスにまで足を伸ばした憲法調査から帰ったのが四一歳、原敬が政党政治家となるべく立憲政友会に入党したのが四四歳の時である。私だけが長い修業時代を経たのではなさそうである。

最後に。これまでの話のなかでは、大きな流れと関わりのない失敗談や相手のプライバシーに関わるかもしれない失敗談には言及していないが、私は失敗を数多くやってきたし、むしろ成功よりも失敗の方が多いかもしれない。しかし、失敗や不遇を嘆くよりも、明日への糧ととらえるように努めてきた。また何よりも、あまり目先の世間的な損得を考えずに、人の何倍もの史料を読み、世界史との比較の中で公平な目で見た、あるべき日本近代史・現代史像をどう作るのかを考え、研究中心に生きてきたことを、誇りとしている。

私の修業時代 2

2021（令和 3）年 1 月 30 日　初版 1 刷発行

編　者　公益財団法人　上廣倫理財団
発行者　鯉　渕　友　南
発行所　株式会社　弘　文　堂　101-0062　東京都千代田区神田駿河台 1 の 7
TEL 03(3294)4801　振替 00120-6-53909
https://www.koubundou.co.jp

装　丁　松村大輔
組　版　堀江制作
印　刷　大盛印刷
製　本　井上製本所

ISBN 978-4-335-16101-8

わが師・先人を語る

全3巻

上廣倫理財団編

各巻・本体 2000 円＋税

1

村井　實　　ペスタロッチー先生、長田新先生と私
熊野　純彦　　和辻哲郎と私
斎藤　兆史　　新渡戸稲造の教養と修養
島薗　進　　安丸良夫先生と私
中西　寛　　高坂正堯先生の日本への思い
河合　雅雄　　今西錦司先生の仲間たちと私
河合　俊雄　　河合隼雄との三度の再会
富永　健一　　尾高邦雄先生と私

2

松井今朝子　　武智鉄二というカオス
竹内　誠　　粋な文人学者・西山松之助
逢坂　剛　　池波正太郎と父・中一弥の戒め
関川　夏央　　司馬遼太郎の勇気
星　寛治　　わが人生の内なる師、宮沢賢治と浜田広介
星野　高士　　親子三代の俳人の家に生まれて
佐々木　毅　　福田歓一先生と私
小松　久男　　「韃靼の志士」イブラヒムの夢

3

濱田　純一　　『銀の匙』の国語教師・橋本武先生と私
久留島典子　　日本中世史研究の先達・石井進先生と私
平岩　弓枝　　文学の師・長谷川伸先生と私
林　望　　対照的な二人の恩師、森武之助先生と阿部隆一先生
山極　壽一　　二人の恩師の夢、今西錦司先生と伊谷純一郎先生
位田　隆一　　日仏の恩師、田畑茂二郎先生とシャルル・ショーモン先生
徳川　康久　　わが先祖、慶喜様の人となり
川淵　三郎　　少年期と青年期の師、吉岡たすく先生とクラマーさん

弘文堂